国际贸易理论的发展与创新研究

闫瑞霞 著

图书在版编目（CIP）数据

国际贸易理论的发展与创新研究 / 闫瑞霞著. — 北京：中国商务出版社，2022.11
ISBN 978-7-5103-4553-1

Ⅰ．①国… Ⅱ．①闫… Ⅲ．①国际贸易理论 Ⅳ.①F740

中国版本图书馆CIP数据核字(2022)第212886号

国际贸易理论的发展与创新研究
GUOJI MAOYI LILUN DE FAZHAN YU CHUANGXIN YANJIU

闫瑞霞　著

出　　版：	中国商务出版社
地　　址：	北京市东城区安外东后巷28号　　邮　编：100710
责任部门：	发展事业部（010-64218072）
责任编辑：	刘玉洁
直销客服：	010-64515210
总 发 行：	中国商务出版社发行部（010-64208388　64515150）
网购零售：	中国商务出版社淘宝店（010-64286917）
网　　址：	http://www.cctpress.com
网　　店：	https://shop595663922.taobao.com
邮　　箱：	295402859@qq.com
排　　版：	北京宏进时代出版策划有限公司
印　　刷：	廊坊市广阳区九洲印刷厂
开　　本：	787毫米×1092毫米　1/16
印　　张：	10.25　　　　　　　　　　　字　数：220千字
版　　次：	2023年1月第1版　　　　　　 印　次：2023年1月第1次印刷
书　　号：	ISBN 978-7-5103-4553-1
定　　价：	63.00元

凡所购本版图书如有印装质量问题，请与本社印制部联系（电话：010-64248236）

版权所有盗版必究（盗版侵权举报可发邮件到本社邮箱：cctp@cctpress.com）

前　言

我国要实现从贸易大国向贸易强国的转变，就必须分析解决在贸易活动的过程中存在的问题，创新国际贸易发展策略。研究我国在对外贸易活动中存在的问题、解决相关问题、有效把握国际经济发展态势、制定合理的对外贸易发展策略、积极实现我国对外贸易的突破创新等，对我国国际贸易的发展和经济实力、国际竞争力影响力的提升将会有很大的促进作用。

经济全球化是世界经济发展的潮流和趋势，只有顺应这种发展趋势，我国的经济实力和国际竞争力才能不断提升。我国要顺应时代发展潮流，坚定地走对外开放的道路，并且不断提升对外开放程度。我国要不断优化产业结构，加强资源整合，加强科技创新、技术创新，提升产品的技术含量。我国要与发达国家建立良好的贸易关系，深层次地促进区域贸易的发展，推动我国经济的创新发展。

本书分析了我国国际贸易发展过程中存在的问题，从进一步提升对外开放程度、不断优化产业结构、坚决抵制贸易保护主义、提升贸易风险防范能力、积极培养跨国公司等多方面分析了我国国际贸易创新发展策略，对实现我国国际贸易的创新发展、提升我国的经济实力和国际影响力具有积极的作用。

在本书撰写过程中，笔者参阅了大量的文献资料，引用了诸多专家的研究成果，因篇幅有限，不能一一列举，在此一并表示最诚挚的谢意。由于时间仓促，加之笔者水平有限，本书在撰写过程中难免存在不足，希望各位读者不吝赐教，提出宝贵的意见，以便笔者在今后的学习中加以改进。

目 录

第一章 当代国际贸易 ··· 1
第一节 国际贸易的产生、地位与作用 ··· 1
第二节 资本主义时期的国际贸易 ··· 8
第三节 第二次世界大战后国际贸易的发展 ····································· 15
第四节 改革开放以来中国的对外贸易 ··· 24

第二章 国际贸易经典理论的发展 ··· 34
第一节 重商主义思想 ··· 34
第二节 绝对优势理论 ··· 37
第三节 比较优势理论 ··· 40
第四节 保护贸易理论 ··· 42
第五节 要素禀赋理论 ··· 46

第三章 国际贸易交易程序的发展 ··· 50
第一节 交易前的准备 ··· 50
第二节 合同的磋商和签订 ··· 54
第三节 出口合同的履行 ··· 63
第四节 进口合同的履行 ··· 73

第四章 国际贸易的创新 ··· 79
第一节 国际贸易政策理论创新 ··· 79
第二节 国际贸易方式创新 ··· 83
第三节 国际贸易产品和贸易对象创新 ··· 85
第四节 国际贸易经营模式创新 ··· 88

第五章　"互联网+"时代的国际贸易概述·····92
第一节　互联网电商与传统国际贸易·····92
第二节　互联网对国际贸易的影响机制·····95
第三节　"互联网+"对国际贸易的影响·····100
第四节　"互联网+"国际贸易方式转变·····104
第五节　供给侧结构性改革下"互联网+国际贸易"·····107

第六章　互联网与我国对外贸易发展·····109
第一节　互联网影响我国对外贸易发展的理论基础·····109
第二节　互联网在我国对外贸易领域的应用分析·····121
第三节　互联网影响对外贸易的动因分析·····130

第七章　国际贸易与区域经济的发展·····146
第一节　浅谈区域经济·····146
第二节　我国国际贸易与区域经济发展的关系·····150
第三节　促进国际贸易与区域经济协调发展的相关策略·····153

参考文献·····156

第一章 当代国际贸易

第一节 国际贸易的产生、地位与作用

一、国际贸易的产生

国际贸易属于历史范畴，是人类社会发展到一定历史阶段的产物。

国际贸易的产生，必须具备以下两个条件：一是有剩余产品可以作为商品进行交换；二是出现了政治实体，商品交换在各自为政的社会实体之间进行。因此，社会生产力的发展和社会分工的扩大，是国际贸易产生和发展的基础。

在原始社会初期，人类处于自然分工状态，生产力水平很低，人们在共同劳动的基础上获取有限的生活资料，仅能维持本身生存的需要。因此，这个时期没有剩余产品，没有私有制，没有阶级和国家，也就没有国际贸易。

国际贸易的产生与人类历史上三次社会大分工密切相关。第一次社会大分工是畜牧部落从其他部落中分离出来，牲畜的驯养和繁殖使生产力得到了发展，产品开始有了少量剩余。于是在氏族公社、部落之间出现了剩余产品的交换。这种交换是极其原始的偶然的物物交换。

随着生产力的继续发展，手工业从农业中分离出来，引发了人类社会第二次大分工。随着手工业的发展，直接以交换为目的的商品生产也开始出现。商品生产和商品交换的不断扩大，推动了货币的出现，商品交换逐渐变成以货币为媒介的商品流通。随着商品货币关系的发展，社会上出现了专门从事贸易的商人，于是，出现了第三次社会大分工。

生产力的发展和交换关系的扩大，加速了私有制的产生，从而使原始社会日趋瓦解，这就为过渡到奴隶社会打下了基础。在奴隶社会初期，由于阶级矛盾形成了国家。国家出现后，商品交换超出国界，产生了国际贸易。

奴隶社会的国际贸易是在奴隶占有制生产方式的基础上发展起来的，在这种生产方式下，自然经济占统治地位，生产的目的主要是为了消费。这个时期，商品生产在

整个社会生产中是微不足道的，进入交换领域中的商品也是有限的。同时，由于生产技术落后，交通运输工具简陋，国际贸易的范围受到了很大限制。

在奴隶社会，国际贸易的主要商品是奴隶和奢侈品，如宝石、装饰品、各种织物、香料等，前者为奴隶主阶级提供劳动力，后者为满足奴隶主的享乐欲望。

当时，欧洲兴起的主要贸易民族是腓尼基、希腊、罗马等。我国在夏商时代已进入奴隶社会，贸易集中在黄河流域。

封建社会的经济仍然是自然经济，农业在各国经济中占据主导地位，商品生产仍处于从属地位，因而国际贸易的规模仍十分有限，但相比奴隶社会国际贸易的规模有了进一步发展。在封建社会早期，封建地租采取劳役和实物形式，进入流通领域的商品不多。到封建社会中期，随着商品生产的发展，封建地租转变为货币地租的形式，国际贸易得到了发展。在封建社会晚期，随着城市手工业的发展，商品经济和国际贸易都有了较快的发展。

在封建社会，奢侈品仍然是国际贸易中的主要商品。西方国家以呢绒、酒等换取东方国家的丝绸、香料、珠宝等。

在封建社会时期，西方的贸易中心曾发生多次转移。起初，国际贸易中心在地中海东部。到7~8世纪时，阿拉伯民族成为主要的贸易民族。11世纪以后，随着意大利北部和波罗的海沿岸城市的兴起，国际贸易的范围便扩大到地中海、北海、波罗的海和黑海的沿岸。

在封建社会，贸易范围不断扩大。中国、埃及、印度、伊朗等亚非国家的国际贸易发展比较突出。我国早在秦、汉时期，就与外国发生了贸易关系。到公元前2世纪的西汉王朝，我国开辟了从西域经中亚通往中东和欧洲的"丝绸之路"。中国的丝绸经"丝绸之路"输往西方。明朝郑和七次下"西洋"，向许多国家传播了我国的火药、指南针和手工业等技术，同时，也把这些国家的土产、优良种子等输入我国，促进了我国人民与各国人民的友好往来和文化技术交流。

但是，在奴隶社会和封建社会，由于自然经济占统治地位和交通条件的限制，国际贸易在社会经济中不占主要地位，贸易的范围和商品都很有限，贸易活动也不频繁。直到资本主义社会，大规模机器工业建立以后，国际贸易才获得迅速发展。

二、国际贸易与资本主义生产方式

国际贸易的发展是与资本主义生产方式的建立和发展紧密联系在一起的。

马克思在《资本论》中指出，国际贸易的扩大，虽然在资本主义生产方式的幼年时期是这种生产方式的基础，但在资本主义生产方式的发展中，由于这种生产方式的内在必然性，由于这种生产方式要求不断扩大市场，它成为这种生产方式本身的产物。

马克思的这一科学论断，高度概括了在资本主义生产方式的产生和发展过程中国际贸易所起的巨大促进作用，揭示了国际贸易与资本主义生产方式之间的本质联系。

（一）国际贸易促进了资本主义生产方式的产生

在西欧封建社会末期资本主义因素扩大的情况下，国际贸易推动和促进了资本主义生产方式的产生。国际贸易给资本主义生产方式的形成提供了必要条件，促进了欧洲资本主义的资本原始积累。所谓资本原始积累，就是指在资本主义生产方式确立以前，资本家占有财富和资本的积累。

国际贸易对资本原始积累的作用具体表现在：为资本主义生产提供了劳动力、资本与市场。而这些正是资本主义生产方式产生的基本条件。

从提供劳动力来说，资本主义国家在初期都以不同方式，从直接生产者农民手中夺去生产资料——土地，把农民变为除出卖劳动力以外一无所有的雇佣工人。这种剥夺过程往往同国际贸易的发展有一定的关系。例如，英国在15世纪前后所发生的"圈地""清地"运动，把大批农民从土地上赶走，使其背井离乡、沦为奴隶；耕地被改建成牧场，甚至还出现过"羊吃人"的现象。这是因为羊毛与毛织品是当时英国的主要出口商品，国外销路旺盛，生产羊毛比生产粮食可以取得更大的利润。这种把耕地变为牧场的掠夺农民土地的过程，就是为工业资产阶级提供劳动力的过程。

从提供货币资本来说，国际贸易是货币资本积累的重要来源。从16世纪到18世纪，欧洲商业资产阶级通过欺骗、掠夺、贩卖黑人等办法，从世界各地得到大量的黄金和白银，其中大部分在欧洲转化为货币资本。

从提供市场来说，欧洲殖民者在16—18世纪通过先后发动了一系列商业战争来扩大殖民地，把非洲、亚洲和美洲广大地区卷入世界市场中来，既为欧洲殖民主义国家提供销售市场，又成为它的原料产地。

应当指出，国际贸易作为资本主义生产方式的基础作用，只是就它推动和加速封建社会向资本主义过渡的条件和时间而言，决不能由此得出结论"国际贸易是资本主义生产方式的整个基础"，因为决定资本主义生产方式的产生的，只能是社会生产力的发展和生产关系的变化。

（二）国际贸易是资本主义生产方式本身的产物

在资本主义生产方式确立以后，由于这种生产方式的内在要求，决定了资本主义国家必须有国际贸易。国际贸易能促进资本主义国家的经济发展。

马克思指出："生产剩余价值或赚钱，是这个生产方式的绝对规律。"这个规律制约着资本主义生产发展的一切主要方面和一切主要过程。

1. **国际贸易可以提高利润率**

马克思在谈到资本主义国际贸易时曾经指出："投在国际贸易上的资本能提供较高

的利润率。"利润率是指剩余价值量和全部预付资本,包括不变资本与可变资本的比率。

(1) 通过国际贸易可以降低生产成本。资本家通过国际贸易从国外获得廉价的原料、燃料、辅助材料、机器、设备等,降低了用于不变资本的费用。同时,通过国际贸易还可以使可变资本转化为必要的生活资料变得便宜,这种必要的生活资料随资本主义的发展阶段而不同。

(2) 通过国际贸易取得规模经济利益。资本家通过国际贸易,扩大出口,可使生产规模扩大,提高劳动生产率,降低生产成本。

(3) 通过国际贸易取得超额利润。这种超额利润一部分来自高于他国的劳动生产率,一部分来自对市场的垄断。

发达的资本主义国家劳动生产率高,生产商品时实际消耗的劳动时间大大少于国际社会必要劳动时间。该商品生产时,不作为技术较高的产品来支付劳动报酬,在国际市场上销售时却被作为技术较高的产品来出售了。这种差额成为资本家的超额利润。由于生产力水平的提高需要较长的时间,故经济发达国家的资本家可在较长时期内占有这种超额利润。

(4) 通过资本输出,就地设厂,提高利润率。跨国公司通过"全球战略",利用各个国家经济发展的不平衡、自然资源的差异、廉价的劳动力,与其较高的技术、经营管理能力相结合;绕过关税与非关税壁垒,利用各国的销售渠道,以"转移价格"方法扩大从发展中国家的价值转移,通过环境污染严重的工厂外迁节省大量环保费用。这些都大大提高了利润率。

2. 通过国际贸易,取得国外市场

在资本主义经济发展不平衡规律作用下,资本主义国家的生产需要国外市场。

列宁提出了资本主义国家需要国外市场的三个因素。

第一,资本主义只是广阔发展的、超出国家界限的商品流通的结果。因此,没有国际贸易的资本主义国家是不能设想的,而且的确没有这样的国家。

第二,彼此互为"市场"的各种工业部门,不是均衡地发展,而是互相超越着。因此较为发达的工业就需求国外市场。

第三,资本主义生产的规律,是生产方式的经常改造和生产规律的无限扩大。资本主义企业必然超出村社、地方市场、地区和国家的界限。因为国家的孤立和闭关自守的状态已被商品流通所破坏,所以每个资本主义工业部门的自然趋向使它需要"寻求"国外市场。

列宁关于资本主义国家需要国外市场的论述,揭示了资本主义生产方式与国外市场之间的必然联系。

列宁所说的第一个因素从资本主义与商品流通的关系指出国外市场的重要性。资本主义生产方式是在国际贸易发展以后建立起来的。资本主义是商品生产的最高形式。

资本主义的大生产是为了适应世界市场的需要而产生和发展起来的。资本主义大量生产的商品，不仅供应国内市场需要，而且要向国外市场推销；所需要的原料，也不是国内市场所能完全满足的，而需要从国外市场购进，否则就不能继续扩大再生产。正如马克思、恩格斯在《共产党宣言》中指出的："不断扩大产品销路的需要，驱使资产阶级奔走于全球各地。"所以，在国际贸易广泛发展的情况下建立起来的资本主义大生产，不是仅以国内市场为界限，而是以国外市场为目标的。许多资本主义国家的大工业，在一开始建立的时候，就是以世界市场为对象。英国的纺织工业、法国的丝织工业、德国的化学工业、美国的汽车工业、瑞士的钟表工业等都在不同程度上依赖着世界市场。

列宁所说的第二个因素是从资本主义生产各部门之间的不平衡指出需要国外市场。从资本主义再生产过程的内在要求来说，它需要各个生产部门之间保持一定的比例关系。但资本主义生产方式下的发展不平衡规律作用的结果，使各种工业部门不是均衡地发展着，而是互相超越着，社会生产各部门之间（在价值上和实物形态上）的比例，经常遭到破坏。有的部门发展较快，有的部门发展较慢。发展较快的部门，为了追求利润，决不能等待发展较慢的部门赶上后，再出售商品，故要在其他国家和地区寻找市场。这就是说，资本主义需要国际贸易，需要通过国外市场来克服生产与市场之间的矛盾。

列宁所说的第三个因素是从资本主义无限扩大生产的倾向指出国外市场的重要性。无限扩大生产是资本主义生产的一个特点。为了获取高额利润，资本家尽量扩大自己生产机构的规模、扩大商品生产能力，以便降低生产费用、战胜对手，而不可能考虑现有市场容量。其结果是，无限扩大的生产便和有限的国内市场相矛盾，需要扩大国外市场。

列宁关于资本主义国家需要国外市场的三个因素，对于资本主义各个阶段的任何资本主义国家都是适用的。第二次世界大战后，随着科学技术的发展和国际分工与生产国际化的深入与扩大，资本主义国家需要国外市场的因素进一步发生作用。

第二次世界大战后，垄断组织通过大规模建立跨国公司的办法去占领国外市场，并把整个世界看作是自己的市场。在美国的国际商务组织出版的一本书中有这样一段话："公司行动遵循的基本原则包括：在组织安排生产和推销产品的时候，要把整个世界看作是自己的市场，只要时间和地点允许的话，国家的界限没有值得注意的必要。"

3. 国际贸易有助于社会产品的实现

资本主义社会生产的问题，实际上就是社会总产品的实现问题，而社会总产品各个部分之间的实现过程，实际上就是社会再生产的社会总产品各部分的流通过程。这个过程"不仅是价值补偿，而且是物质补偿"。

国际贸易对资本主义社会两大部类的平衡，各部门间的产品价值实现和实物形态补偿起着重要作用。

（1）国际贸易可解决两大部类的不平衡发展。在资本主义条件下，两大部类经常处于不平衡发展状态，第一部类中的社会产品超过（或少于）两大部类中固定资本更新和扩大所必要的生产资料，而第二部类中创造的社会产品又少于（或超过）必要的生活资料。资本主义国家往往通过国际贸易出口（或进口）过剩（或不足）的第一部类社会产品，进口（或出口）必要的消费资料，以解决两大部类的不平衡发展。

（2）国际贸易可促进产品的实现。资本主义社会总产品的实现是指社会总产品中各个部分的价值补偿和实物补偿。国际贸易在解决和缓和资本主义国家社会总产品的实现上起着很大的作用。

①国际贸易扩大了市场，解决了相当一部分产品的实现问题。在历史上，英国工业革命以后，工业产品大大超过国内市场的容量，到 19 世纪中期，一半以上的工业品要靠在国外市场上销售，80% 的棉织品要运往国外。第二次世界大战后，发达国家的某些生产部门，主要是为国外市场而进行生产的。日本造船、化肥、缝纫机和纺织机械行业产品的一半以上靠出口；汽车、电视机、合成纤维行业的 1/3 靠出口。美国农产品对出口依赖性很大，每四亩耕地中就有一亩是为出口而生产的。因此，如果没有出口市场，资本主义国家的产品实现销售就极为困难。

② 国际贸易有助于实物形态的补偿。资本主义大工业的建立，使初级产品实物形态的补偿跨越了国界。资本主义新的工业所加工的，已经不是本地的原料，而是来自极其遥远的地区的原料；生产的产品不仅供本国消费，而且同时供世界各地消费。

4. 国际贸易促进着劳动生产率的提高

（1）国际贸易刺激着资本家提高劳动生产率。在国际贸易中，在商品款式、包装等一致的情况下，价格在竞争中起着重要作用。为了在国际贸易中取得高额利润，资本家千方百计地提高劳动生产率、降低成本，以打败竞争对手。

（2）国际贸易给资本家提高劳动生产率提供了重要途径。

① 国际贸易普及了科学技术，带动了发达国家和世界经济的发展。第二次世界大战后，日本和德国经济迅速增长的重要原因之一就是结合本国情况，大量引进美欧国家的先进技术。日本在战后工业生产的增长中，约有 1/3 来自引进的先进技术。

② 国际分工节约了社会劳动。国际分工可以使贸易参与国发挥优势、扬长避短，节省资源开发费用或弥补资源的不足，节约社会劳动，取得经济效益。

三、国际贸易与社会主义制度

社会主义制度下发展国际贸易的客观必然性在于以下五点。

（一）社会主义根本任务的要求

中国共产党第十五次全国代表大会的报告明确指出："社会主义的根本任务是发

展社会生产力。在社会主义初级阶段，尤其要把集中力量发展社会生产力摆在首要地位……社会的主要矛盾是人民日益增长的物质文化需要同落后的社会生产力之间的矛盾，这个主要矛盾贯穿我国社会主义初级阶段的整个过程和社会生活方方面面。这就决定了我们必须把经济建设作为全党全国工作的中心。各项工作都要服从和服务于这个中心。"国际贸易是国民经济的一个重要部门，肩负着完成社会主义根本任务的重任。

（二）对外开放的客观要求

实行对外开放是社会主义国家的一项长期的基本国策。实行对外开放，符合经济发展规律的客观要求，符合解放和发展生产力的客观要求，符合培育和发展社会主义市场经济的客观要求。

第二次世界大战以来，随着商品经济的进一步发展和生产的社会化、国际化，各国之间的经济技术交流和合作越来越密切，国际分工进一步深化。生产国际化、国际分工，是人类社会生产力发展的必然结果，它为生产力的大发展创造了必要前提。生产力越发展，各国在发展经济中的相互需要、相互依赖的程度就越高，这是一条客观经济规律。各国正确认识和运用这一经济规律，根据本国的具体条件，积极参与和利用国际分工，就能为发展生产力开辟道路；背离这条规律，必然给本国生产力的发展带来不利影响。因此，社会主义国家在经济战略思想上，必须充分认识国际分工和生产国际化的高度发展是历史发展的进步趋势，是经济发展规律的客观要求，是生产力发展的客观要求，只能适应它，决不能违背它。只要国际环境容许，社会主义国家就必须实行对外开放，积极参与和充分利用国际分工，除了依靠本国的市场、资源、资金、技术和管理经验外，还要积极利用国外的市场、资金、技术和管理经验。这样，经济技术比较落后的社会主义国家就能较快地吸收人类在长期内创造的先进技术和积累的经验，就有可能在较短时间内走完先进国家走过的路程，经过艰苦努力，赶上世界先进水平。

实行对外开放是解放和发展生产力的客观要求。我国通过对外开放，大力发展对外贸易，促进了生产力的发展；积极引进当代世界的先进技术，加速进行设备更新和技术改造，把科学和技术转化为生产力。积极合理有效地利用外资，以弥补我国建设资金的不足，引进国外的先进管理经验和管理技术，以提高我国的经营管理水平。

我国经济体制改革的目标是建立社会主义市场经济体制，而建立和发展社会主义市场经济，更加离不开对外开放。社会主义市场经济要求资源的合理配置，不仅是一国国内资源的配置，而且也包括充分利用国外资源以优化国内资源配置。世界上每一个国家都不可能拥有它所需要的全部资源，而且由于经济技术条件和人力、物力、财力的资源条件不同，各国生产同一种产品的生产效率和经济效益也存在很大差别。各个国家只有实行对外开放，充分利用国际分工，才能扬长避短，提高经济效益。我国发展社会主义市场经济，也必须重视这一点。

（三）社会主义商品生产发展的需要

社会主义国家要想迅速发展经济、实现现代化，就必须大力促进商品经济的发展。只有商品经济迅速发展，才能使各个企业、各地区的经济优势充分发挥出来，才能有力地促进各个企业和整个社会提高劳动生产率、提高经济效益，才能使各个企业生产出数量多、品种齐全和价格便宜的产品，更好地满足整个社会的需要。国际贸易能促进商品经济的发展。

（四）社会化大生产的需要

社会化大生产的一个根本特点是分工的深化和交换的扩大。这种扩大不仅使国内各地区、各部门及各企业之间的相互联系日益密切，而且必然超出国家和民族的界限，参与国际交换。一个社会主义国家的经济发展，离不开同其他国家的经济交流。

（五）参加国际分工的需要

国际分工是国际经济联系的基础。在平等互利的基础上，社会主义国家参与国际分工，能以较少的劳动耗费取得较大的经济效益。社会主义经济越发展，分工越要扩大，就越需要参加国际分工。

第二节　资本主义时期的国际贸易

资本主义时期的国际贸易包括：资本主义生产方式准备时期、资本主义自由竞争时期、向帝国主义过渡到第一次世界大战前时期和两次世界大战之间四个时期的国际贸易。总的来说，资本主义时期的国际贸易发展很快，但在各个具体时期发展情况又不尽相同。

一、资本主义生产方式准备时期的国际贸易

资本主义生产方式准备时期，即16世纪至18世纪中叶，是资本原始积累和工场手工业大发展时期，也是新航线发现和世界市场开始产生的时期。

工场手工业的发展，促进了商品生产和商品交换的扩大，因而需要扩大市场为商品寻找销路。1492年，意大利人哥伦布从西班牙出发经大西洋发现了美洲；1498年，葡萄牙人瓦斯哥·达·加马从欧洲绕过非洲南端的好望角到达印度。新航线的开辟把各大洲联结在一起，形成了世界市场，扩大了国际贸易的范围，促进了国际贸易的发展。马克思和恩格斯在《共产党宣言》中写道："美洲的发现、绕过非洲的航行，给新兴的资产阶级开辟了新的活动场所。东印度和中国的市场、美洲的殖民化、对殖民地的贸易、交换手段和一般商品的增加，使商业、航海业和工业的发展空前高涨，因而使正在崩

溃的封建社会内部的革命因素迅速发展。"

资本主义生产方式准备时期的国际贸易,反映着资本原始积累的一些特征。

随着新航线的开辟,欧洲国家开始对殖民地采取暴力、掠夺、欺骗和奴役等方式进行贸易。

新航线开辟以后,对殖民地的贸易,西班牙和葡萄牙占有统治地位。西班牙垄断了美洲、欧洲的贸易;葡萄牙独占了非洲和亚洲的市场。到了16世纪后半期,西班牙、葡萄牙的手工业开始衰落,而英国、荷兰的资本主义生产开始发展起来,西班牙和葡萄牙也就丧失了国际贸易上的优势地位。

西班牙垄断了美洲和欧洲的贸易后,就用暴力和欺骗的手段攫取当地居民的贵金属——黄金和白银,将这些黄金和白银运到欧洲。西班牙人还将当地居民赶下矿坑为他们开采矿产资源。这种残暴的掠夺和奴役,使西班牙的殖民者大发横财。

葡萄牙人和荷兰人在16世纪前后,完全垄断了东印度的香料贸易。他们为了保持香料的高昂价格,不仅毁掉了当地居民的香料,并且对当地居民进行屠杀。

随着殖民地的扩大,殖民地作为欧洲国家的商品销售市场和原料来源的意义日益重要。殖民者在非洲的大西洋沿岸、亚洲和南美等地发展了以奴隶劳动为基础的种植业,他们将大米、烟草、甘蔗、香料等产品运往欧洲出售。殖民地由于农业的发展,对于欧洲工业品的需求增加了;而欧洲工业的发展,对殖民地原料、粮食的需要也日益增长。因此,对欧洲国家来说,这种贸易对殖民地的意义越来越大。

由于殖民地在宗主国的国际贸易中地位日益提高,欧洲国家为了占领殖民地和争夺国际贸易的霸权,曾经进行了长期的战争。从16世纪开始,西班牙、葡萄牙、荷兰、英国、法国等欧洲的几个主要国家为了争夺海上航线的控制权,相互袭击和抢劫对方的商船,进行了多年的战争。17世纪末,英国取得了国际贸易的霸权。

随着国际贸易范围的扩大,国际贸易的商品也比以前增多,并且出现了一些新的品种,主要是工业原料和城市居民的消费品。贩卖黑人在当时欧洲国家与殖民地贸易中,占有很重要的地位。欧洲商人用武力和欺骗的方法,将大批非洲黑人贩运到美洲,从中取得惊人利润。

随着新航线的开辟和贸易路线的改变,国际贸易中心转移到了大西洋沿岸的诸城市。阿姆斯特丹、巴黎、马赛和伦敦等城市先后成为国际贸易中心。

欧洲国家垄断殖民地贸易的特权公司,如英国东印度公司、荷兰东印度公司等,从17世纪初起,广泛地成立起来。这种特权公司与贸易垄断、掠夺方式相结合,获得了大量的利润,这些利润是资本原始积累的重要来源。

这个时期的国际贸易,同奴隶社会和封建社会相比,有了很大发展,但是由于资本主义大机器工业尚未建立、交通工具还不完善,国际贸易的规模、范围和商品品种都受到一定的限制。

二、资本主义自由竞争时期的国际贸易

18世纪末至19世纪中叶是资本主义的自由竞争时期。在这期间，欧洲国家先后发生了工业革命和资产阶级革命，建立了资本主义的大机器工业。大机器工业建立以后，社会生产力迅速提高，社会产品大大增加，国际分工开始形成。它们为国际贸易的发展提供了空前丰富的物质基础。同时，交通运输和通信联络工具的巨大发展和广泛使用，缩短了国际的距离，推动了国际贸易的发展。这时，国际贸易才真正体现了世界性质的含义。

（一）国际贸易的趋势

资本主义大机器工业的建立，生产规模的空前扩大，促进了国际贸易额的迅速增长。

这一时期的国际贸易额，无论以当年价格计算的贸易值来看，或者以不变价格计算的贸易量来看，都有较大增长。从贸易量来看，世界贸易的年均增长率，从1780—1800年的0.27%增加到1860—1870年的5.53%。1840年以前，绝大多数年份的世界工业生产的增长速度超过国际贸易的增长速度。但自1840年起，情况则发生了变化，国际贸易的增长速度超过了世界工业生产的增长速度。

（二）国际贸易的地理格局

资本主义自由竞争时期，英国、法国、德国和美国在国际贸易中占主要地位。18世纪末和19世纪初，英国在国际贸易中处于垄断地位，整个世界成了英国大工业的销售市场和原料来源地。到了19世纪中叶，其他资本主义国家先后发展起来，在世界市场上与英国展开了竞争。19世纪前半期，法国在欧洲大陆国家中在工业生产和国际贸易方面都占有重要地位。19世纪后半期，德国的统一，特别是1870—1871年普法战争的胜利，大大推动了德国工业的发展，使德国在国际贸易中的比重超过了法国。美国在18世纪末，特别是1861—1865年的国内南北战争以后，工农业生产得到迅速发展，在国际贸易中成为英国的主要竞争对手。

在资本主义自由竞争时期，欧洲国家进一步推行殖民政策，除美洲与非洲外，广大的亚洲国家和地区也大多变成了殖民地。资本主义国家在殖民地强行发展单一作物的片面生产，使它们成为自己的销售市场和原料来源地，成为宗主国的农业和原料的附庸。

（三）国际贸易的商品结构

资本主义自由竞争时期，随着资本主义生产的快速发展，国际贸易的商品结构也发生了显著变化。

首先，商品种类越来越多，工业品特别是纺织品的贸易迅速增长。与此同时，纺织品的贸易方向也发生了根本变化。18世纪，欧洲国家是东方国家手工业生产布匹的主要输入国，19世纪，英国和其他欧洲大陆国家却成为机器工业生产的棉布和毛纺织品的主要出口国家。

其次，谷物成为国际贸易中的大宗商品。由于运输条件改善、运费降低，18世纪时还不太发达的谷物贸易，变成国际贸易中的大宗商品。

最后，从19世纪后半期起，机器设备和运输工具在国际贸易中的地位日益重要。钢、铁、石油制品和其他原料的贸易也不断发展。

（四）国际贸易组织形式的变化

随着资本主义大机器生产的发展、商品种类的增多、贸易数量的增加，国际贸易的组织形式也发生了相应变化。

16、17世纪存在的垄断殖民地贸易的特权公司，在18世纪末已被取消。代之而兴起的是19世纪开始盛行的贸易商行和股份公司。

19世纪后半期交易所业务也很兴旺，出现了许多专业交易所，如商品交易所、租船交易所、证券交易所等。它们成为经常营业的机构和买卖一定数量商品的巨大中心。

三、向帝国主义过渡到第一次世界大战以前时期（1870—1914年）的国际贸易

19世纪70年代，自由竞争的资本主义向垄断资本主义即帝国主义过渡，到19世纪末20世纪初，资本主义变成了帝国主义。在1870—1914年期间，欧洲和美国发生了第二次工业革命，这次工业革命以"钢和电的革命"作为标志。钢产量的迅速增加为工业生产提供了新的材料，为电力工业的发展补充了新的能源；以石油为燃料的内燃机的发明和应用，加快了机械工业和交通运输事业的发展。这一切使钢铁工业、石油工业、汽车工业、化学工业、电气工业等许多新工业部门的发展成为可能。因此，工业生产在19世纪末得到了迅速发展。资本主义的经济发展在第一次世界大战前的20年处于强盛时期。

运输革命为国际贸易额的增长创造了前提。铁路的建设，对国际贸易的发展具有重要意义。全世界铁路长度由1870年的21万公里增至1913年的110.4万公里。大量铁路的建设为进一步扩大资本输出创造了条件，同时也为帝国主义国家开拓销售市场与掠夺原料建立起了运输网。

1869年，苏伊士运河建成通航，1914年，巴拿马运河建成。这些运河的修建，缩短了各大洲之间联系的路程，在发展海洋航运中发挥了巨大作用。

全世界商船吨位从1870年的1680万吨，增至1910年的3460万吨，增加了一倍多，

运输工具不仅在数量上有了增加，而且在质量上也发生了显著变化。在1870—1913年期间，一般船的航速从每小时14海里提高到23海里，运费则降低一半以上。19世纪初，从美洲到欧洲的路程要42天，到20世纪初，只要5~12天。从1871—1875年、1901—1905年，自芝加哥至纽约和自纽约至利物浦的粮食年均运费以每蒲式耳小麦计算，分别从17.89美分降至5.21美分和从8.76便士降至1.38便士。这一切必然促进国际贸易的发展。

资本主义国家的资本输出急剧增加。资本主义国家的海外投资总额，1862年为20亿美元，1874年为65亿美元，1900年为220亿美元，1913年为440亿美元，其中既包括借贷资本的输出，又包括生产资本的输出。但无论是哪一种资本的输出，都是鼓励商品输出的手段，都促进了国际贸易规模的扩大。

（一）国际贸易趋势

1870—1913年期间，国际贸易量继续增长，但是与资本主义自由竞争时期相比，增长速度下降了。国际贸易量1840—1870年增长3.4倍，而1870—1900年只增长了1.7倍，1900—1913年仅增长了62%。

在资本主义自由竞争时期，国际贸易的增长速度超过了世界工业生产。但是在1870年以后，国际贸易的增长速度开始落后于世界工业生产。

国际贸易的增长速度已赶不上世界工业生产的增长速度，生产与市场之间的矛盾日益尖锐化，主要资本主义国家争夺市场的斗争加剧。

（二）国际贸易的地理格局

资本主义自由竞争时期，国际贸易地理格局的突出变化是英国在世界贸易中地位的下降，其他西欧、北美、非洲、拉丁美洲的一些国家在世界贸易中所占比重的增长。英国在世界出口中1840年所占的比重为22%，1860年下降到20%，1876—1880年下降到16.3%，1913年下降到13.1%。截至1913年，英国的出口量仍然占世界出口量的第一位。同时，欧洲在世界贸易中仍占控制地位，1913年，欧洲进口量占世界进口量的65%，出口量占世界出口量的59%。

欧洲以外国家的出口货物对欧洲市场的依赖性越来越大。19世纪80年代，美国出口的4/5是输往欧洲的。1895年以后，美国对加拿大、拉丁美洲和亚洲的出口虽然有所增加，但是到1913年，欧洲仍然占美国出口的60%。拉丁美洲的国际贸易有2/3是对欧洲的贸易。在非洲和大洋洲国家的国际贸易中，欧洲占很大比重。英国是它们进口货的主要供应地和出口的最大市场，英国也是加拿大的重要出口市场。

（三）国际贸易的商品结构

资本主义自由竞争时期，国际贸易商品结构的特点是初级产品和制成品在国际贸易中所占的比重持续稳定。从1876—1880年到1881—1913年，国际初级产品贸易增加了2.1倍，国际制成品贸易增加了2.2倍。对于初级产品，除了中欧和东南欧国家，其他国家的出口都增加了。在19世纪下半叶，亚洲、非洲和拉丁美洲的一些国家所输出的商品，大部分甚至全部是初级产品。而在1895—1913年期间，亚洲、非洲、拉丁美洲和大洋洲的一些国家的初级产品出口增长尤为迅速。这与19世纪末以发达资本主义国家主要输出工业制成品和经济不发达国家主要输出初级产品为特征的资本主义国际分工体系最终形成是分不开的。

在资本主义自由竞争时期，随着发达资本主义国家对矿产原料需求的增加，矿产原料在初级产品贸易中所占比重有所增加，而食品和农业原料贸易的比重有所下降。

在制成品出口方面，1899年英国、美国、法国和德国输出的工业制成品占世界制成品输出总额的83.6%，1913年这个比例为83.8%。在1876—1880年到1881—1913年期间，在世界制成品出口总额中北美洲所占比重从1.4%增加到10.6%，而英国的比重则从37.8%下降到25.3%，欧洲大陆各国的比重保持不变，均为56%，同期，日本的制成品出口也有所增加。

在1870—1913年期间，纺织品的生产和出口在世界制成品的生产和出口中所占比重都有下降，而金属产品的生产和出口有了较大增长，化学品、纸张、木制品、陶土制品和玻璃器皿的生产和出口也有所增加。这种变化反映了发达资本主义国家工业化的进展和在国际分工中制成品的生产已处于比较优势的地位。

四、两次世界大战之间时期（1914—1938年）的国际贸易

帝国主义国家为了争夺销售市场、原料产地和投资场所而发动了第一次世界大战。第一次世界大战结束后，除美国由于作为军需品供应国而大发战争财和日本乘机在亚洲捞到一些利益之外，欧洲各参战国的经济都遭到了严重破坏。在战争创伤未愈的情况下，资本主义世界发生了1920—1921年的经济危机。这次危机从日本爆发，很快波及英国和美国，导致这三个国家的工业生产大幅度下降。在财政困难与经济危机的重压下，各国政府滥发纸币，造成空前的通货膨胀。其中，以德国的通货膨胀最为严重。

1924年以后，国际形势逐渐趋于稳定。这首先是由于战胜国之间在德国赔款问题、疆界划分问题、亚洲及太平洋的"势力范围"及殖民地问题上达成了协议。其次，1925年以后各国先后进行货币改革，恢复金本位制，到1928年已有30多个国家恢复金本位或采用金汇兑本位。各国物价趋于稳定，为生产与国际贸易的发展提供了条件。最后，美国和德国等主要资本主义国家推行了产业"合理化"运动，即调整生产组织与劳动过程，采用装配线生产，提高了劳动生产率。由于上述原因，主要资本主义国家的经济得到了恢复与发展。但是，这种局面未能维持多久。

1929年，资本主义世界爆发了空前严重的经济危机。这次危机波及范围之广、破

坏程度之深、拖延时间之久，在资本主义历史上是空前的。资本主义世界再次陷入生产与贸易普遍下降、金融混乱与崩溃之中。这次危机极其严重地危及了国际贸易。

1929—1933年的危机之后，资本主义世界转入"特种萧条"，即资本主义世界没有出现新的工业高涨，而仅有局部的、缓慢的、时而停顿的复苏。随后资本主义世界又发生两次世界大战之间的第三次经济危机，但这次危机的进程被第二次世界大战所中断。

在1929—1933年的世界经济危机和危机后的长期萧条时期，保护主义显著加强。各国政府纷纷采用"以邻为壑"的奖出限入政策。1930年，美国国会通过了"郝莱—斯摩特关税法"，将关税提高至空前水平。为了巩固英国市场，1932年英国与各自治领和殖民地缔结了"帝国特惠协定"，限制英国从英国外输入农产品，而自治领殖民地则提高了自英国以外国家进口货物的关税。各种政策的不断升级，给国际贸易的发展设置了重重的人为障碍。

（一）国际贸易趋势

在两次世界大战之间的时期内，国际贸易的增长几乎完全停止。在1913—1938年间，国际贸易量的年均增长率仅为0.7%，国际贸易值反而减少了32%。

资本主义自由竞争时期，国际出口量增长落后于世界工业生产。在1876—1880年到1881—1913年间，国际出口量的年平均增长率为3.3%，世界工业生产的年均增长率为4.1%。但1913—1938年国际贸易量的年均增长率下降到0.7%，世界工业生产年均增长率也下降到2.5%。国际贸易的增长落后于世界工业生产的增长，表明国际市场的容量在缩小，市场问题日益尖锐化。

（二）国际贸易地理格局

资本主义自由竞争时期，欧洲在国际贸易中的比重显著下降，而美国的比重却有较大提高。欧洲的国际贸易在1913年曾占到国际贸易总额的将近2/3，而在1937年下降到仅占国际贸易总额的1/2。欧洲国际贸易额比重的下降，首先是由于第一次世界大战打断了欧洲国家与海外国家间的经济贸易联系。其次，北美所占比重的增加，也影响到欧洲所占比重的变化。北美在国际贸易中所占比重1913年为13.2%，1937年增加到15.5%。亚洲、非洲和拉丁美洲经济不发达国家在国际贸易中的比重由1913年的20%上升至1937年的24%，这也是影响欧洲所占比重变化的一个重要原因。此外，日本和大洋洲国家国际贸易比重的增加也是使欧洲国际贸易比重减少的一个原因。资本主义自由竞争时期，尽管欧洲在国际贸易中的比重有所下降，但它仍然处于国际贸易的控制地位。

（三）国际贸易商品结构

在1913—1939年间，初级产品和制成品在国际贸易中所占的比重持续稳定。

就初级产品来说，这个时期最突出的一项发展就是经济不发达国家在世界初级产品出口中所占比重的迅速增长。其所占的比重1913年约为1/3，1937年则已增加到1/2。帝国主义国家对殖民地附属国的矿产原料和石油掠夺的加强，是这个时期这些国家初级产品出口迅速增长的重要因素。资本主义自由竞争时期，在世界出口总值中，食品和农业原料所占的比重均有下降，而燃料和其他矿产品的比重皆有增加。

在1913—1939年间，制成品国际贸易的突出变化，就是机械产品贸易所占比重的显著增加和纺织品贸易比重的下降。据统计，在国际制成品贸易中，机械产品出口所占的比重，从1913年的19.6%提高到1937年的30.2%，而纺织品出口则恰与此相反，从28.2%下降到18.2%。

第三节　第二次世界大战后国际贸易的发展

一、国际贸易发展迅速但不稳定

第二次世界大战后，在第三次科技革命作用下和经济全球化、贸易自由化的推动下，国际贸易发展迅速。但由于受经济危机、能源危机和货币制度危机的影响以及美国"9·11"恐怖事件的冲击、美国次贷危机及其引发的金融危机和全球主要经济体经济增长放慢的影响，国际贸易的发展也不稳定。对此，大体上可以划分为三个阶段。

（一）第一个阶段

从第二次世界大战结束初期到1973年，是国际贸易迅速发展时期。这一时期国际贸易增长速度之快在历史上是空前的，主要表现在以下三个方面。

其一，第二次国际大战后国际出口贸易量的增长速度大大提高。从1948年到1973年，国际出口贸易量的年均增长率为7.8%。而从1913年到1938年国际出口贸易量的年均增长率仅为0.7%。

其二，第二次世界大战后国际出口贸易量的增长速度超过工业生产的增长速度。从1948年到1973年，世界工业生产的年均增长率为6.1%，低于同期国际出口贸易量的增长速度。

其三，工业制成品在国际贸易中所占的比重从1953年起一直超过初级产品所占的比重。本阶段国际贸易的迅速发展是与科技革命、生产增长、国际分工和国际金融及贸易组织的建立以及经济一体化等因素所发生的作用密切相关的。

（二）第二个阶段

从1973年到1985年，是国际贸易由迅速发展转向缓慢发展，甚至停滞的阶段。

它主要表现在以下三个方面。

其一，国际出口贸易量的增长速度放慢，甚至停滞。从1973年到1985年，国际出口贸易量的年均增长率为2.4%，较1948年到1973年国际出口贸易量的年均增长率下降2/3以上。其中，有的年份表现得更为突出。1981年国际出口贸易量增长停滞，1982年国际出口贸易量不仅没有增长，据关税与贸易总协定估计，反而下降2%。

其二，国际出口贸易量的增长速度低于工业生产的增长速度。1973年到1985年世界工业生产的平均增长率为2.9%，高于同期国际出口贸易量的增长率。

其三，国际出口贸易值增长起伏较大。国际出口贸易值在1973年以后仍有较大的增长，并于1980年达到最高点20014亿美元。但在该年以后国际出口贸易值便逐年下降，1983年降到最低点为18066亿美元。1983年以后，随着工业发达国家的经济复苏，国际出口贸易值又开始回升，但一直到1985年仍然没有恢复到1980年的水平。本阶段国际贸易增长速度放慢，甚至停滞的主要原因是：

第一，经济危机的爆发。1974年到1975年资本主义世界爆发的经济危机标志着第二次世界大战后资本主义世界经济迅速增长阶段已经结束，进入了"滞胀"时期，其表现是"两高（高失业率、高通货膨胀率）一低（低经济增长率）"。在这次经济危机之后，许多国家的经济一直回升无力，大量工人失业成为经常现象，与此同时，严重的通货膨胀也一直困扰着这些国家。20世纪80年代初，资本主义世界又爆发了战后最严重的经济危机。由于经济危机的爆发，投资和生产长期不振、市场萎缩、贸易保护主义抬头，各资本主义国家为了转嫁危机、缓和国内的失业都高筑关税和非关税壁垒，限制外国商品的进口，这样，就直接影响了国际贸易的发展。

第二，能源危机的爆发。所谓能源危机是指1973年以来的石油供应短缺和价格猛涨，1973年开始的第一次石油冲击使油价猛增3倍多，1979年油价又提高1倍。能源危机使国际贸易条件和国际收支状况大大恶化。石油价格的上涨促使了原料和其他产品成本的提高，导致制成品价格上涨，从而不利于产品在国外市场的竞争和销售，影响了国际贸易的发展。与此同时，发达资本主义国家又加快了对能源的开源节流和能源转化运动，大大节省了对传统能源的消耗和进口。

第三，货币制度危机的爆发。以美元为中心和以固定汇率制度为基础的资本主义国际货币体制，在20世纪70年代初，已宣告彻底瓦解，美元不再是等同于黄金的货币。但是，浮动汇率制取代固定汇率制并没有改变资本主义货币金融市场上日益加剧的不稳定状况。实行浮动汇率制后，美元虽已不是中心货币，但仍是国际结算中的主要支付手段和许多国家的主要储备货币。美元一有变动，就会影响国际货币金融市场的稳定。这对20世纪70年代以来国际贸易的发展是很不利的。

（三）第三个阶段

20世纪80年代后半期至21世纪初，是国际贸易发展速度从回升转为下降阶段。

它主要表现在以下三个方面。

其一，国际出口贸易量的增长速度从回升转缓。发达资本主义国家的商品和服务贸易的出口贸易量年均增长率从1983—1992年的5.8%提高到1993—2002年的6.3%。2004年世界商品出口贸易量进一步增长，达到10%。2005年世界商品出口贸易量有所下降，为6.5%，2006年世界商品出口贸易量回升为8.5%。据世界贸易组织2008年4月19日发表的统计数据显示，2007年国际贸易量（包括货物贸易和服务贸易）从上年增长8.5%放缓至5.5%，下降3个百分点。据世界贸易组织2009年3月23日发表的统计数据显示，2008年国际货物贸易出口贸易量仅增长2%。世界银行预测2009年世界货物贸易和服务贸易总量将下降6.1%，世界贸易组织预测2009年全球贸易量将下降9%。

其二，国际出口贸易值增长从迅速转缓。国际货物出口贸易值在1986年便超过1980年的水平，之后继续增长，1995年高达50200亿美元。2000年国际贸易值达76000亿美元，其中，货物贸易值为62000亿美元，服务贸易值为14000亿美元。2001年世界货物贸易和服务贸易因受美国"9·11"恐怖事件的冲击，均呈滑坡态势，国际货物和服务出口额分别下降4%和1%。据世界贸易组织统计报告，2002年国际贸易值为79640亿美元，其中，货物出口额为64240亿美元，增长2.5%，服务出口额为15400亿美元，增长6.5%。2003年和2004年国际出口贸易额继续增长。2005年国际出口贸易值为125350亿美元，其中货物出口值为101200亿美元，增长13%；服务贸易出口值为24150亿美元，增长11%。2006年国际货物出口值为120000亿美元，增长15%；国际商业服务出口值为27100亿美元，估计增长11%。2007年国际货物贸易出口值为135700亿美元，增长15%；服务贸易出口值为32600亿美元，增长18%。据世界贸易组织初步统计，2008年国际货物贸易出口值为157750亿美元，较上年增长15%；服务贸易出口值为37300亿美元，较上年增长11%。

自2008年第四季度开始，绝大多数国家货物贸易出口受全球经济衰退的影响出现下跌。由于出口增速放缓，日本连续多个月出现贸易逆差。新兴市场和发展中国家出口下降更为明显，特别是最后两个月，俄罗斯、阿根廷、土耳其和南非等国家的出口降幅均超过20%。

其三，本阶段国际出口贸易量的增长速度从超过世界经济增长速度转为出口贸易量降幅高于世界经济跌幅。

据世界贸易组织《2001年度报告》，1990—2000年国际货物出口量年均增长率为6.8%，而世界国内生产总值年均增长率为2.3%。2004年以来国际出口贸易量的增长速度均超过世界经济的增长速度。

据世界贸易组织统计，2006年国际货物出口贸易量增长8.5%，而世界GDP仅增长3.7%。据国际货币基金组织统计，2007年国际贸易量增长6.8%，而世界经济仅增长4.9%。据世界银行预测，2009年世界经济将会收缩1.7%。其中，经济合作与发展组织（OECD）国家的GDP将下降3%，发展中国家的GDP从5.8%降至2.1%。

二、发达资本主义国家在国际贸易中居主体地位

发达资本主义国家在世界贸易中占主体地位，这是世界贸易的主要特征之一。这种特征是在19世纪形成的，并在20世纪上半叶保持下来，现在仍然未变。

第二次世界大战前，1938年，发达资本主义国家在世界出口总额中所占的比重为65.9%，在世界进口总额中所占的比重为76.5%。第二次世界大战后，这两个比重经短期的下降后即逐步上升。在20世纪70年代初期，这两个数字均达到最高峰，1970年发达资本主义国家在世界出口中所占的比重为70.9%，在世界进口中所占的比重为71.6%。1973年以后，世界贸易的格局发生了与20世纪70年代初以前不同的变化，发达资本主义国家在世界贸易中所占的比重逐渐下降，直到1983年才见回升。1991年，发达资本主义国家在世界出口中所占的比重为72.4%，在世界进口中所占的比重为72.9%，2003年发达资本主义国家在世界出口中所占比重为64.5%，在世界货物进口中所占比重为67.3%，均占世界货物进出口总额的2/3左右。可见，发达资本主义国家作为一个整体，在世界贸易中仍占主体地位。

在发达资本主义国家中，国际贸易的发展也是不平衡的，一方面表现为日本和德国等欧盟成员国的贸易实力的迅速增长，另一方面表现为英国和美国世界贸易地位的逐渐衰落和不稳定。

（一）美国仍是当代国际贸易大国之一

（1）美国在国际商品贸易中的比重虽呈下降趋势，但仍然是贸易大国之一。2007年美国商品进出口总额为31800亿美元，而居第二位的德国进出口总额为23860亿美元。美国在国际商品出口总额中的比重在第二次世界大战后初期占32.5%，1970年降到13.7%，之后，时降时升，自20世纪80年代中期起有的年份被德国超过。2008年美国商品出口额为13010亿美元，占世界商品出口总额的8.1%，居德国、中国之后，列世界第3位。

（2）美国在世界贸易中货物进口贸易的比重高于货物出口贸易所占的比重。2008年美国货物进口额为21660亿美元，占世界货物进口额的13.2%，而出口额为13010亿美元，仅占世界货物出口额的8.1%，出现了8650亿美元的货物贸易逆差。

（3）美国货物贸易由顺差转为逆差并大量增加。

在第二次世界大战后，1946—1970年这25年间，美国的国际贸易一直是顺差。1971年美国出现了自1893年以来的第一次贸易逆差。美国的贸易逆差1974—1976年为71亿美元，1987年高达1736亿美元。美国的贸易逆差自1988年起不断下降，

1990年降为1010亿美元，1991年进一步降至662亿美元，这是1983年以来首次低于1000亿美元。但1993年美国贸易逆差剧增37%而达到1157.8亿美元。2008年，美国的货物贸易逆差高达8650亿美元。

（4）美国服务贸易居世界首位。美国是世界服务贸易的最大的出口国和进口国。2007年美国服务贸易出口额为4540亿美元，占世界服务贸易出口总额的13.9%，同年美国服务贸易进口额为3360亿美元，占世界服务贸易进口总额的10.9%，服务贸易顺差为1180亿美元。美国服务贸易的出口额和进口额均列为世界第1位。

（5）美国拥有世界70%的跨国公司，而在世界出口贸易额中，与美国跨国公司及其海外子公司有关的出口约占1/4。

（6）美国是世界高科技产品和农产品出口最多的国家。1999—2000年美国下述产品在世界产品出口贸易额中所占比重分别是：飞机为40.74%，衡量与控制仪器为28.61%，发动机为30.90%，半导体等为17.11%，油料为50.13%，玉米为61.43%，小麦为30.61%。

（7）美国国际贸易政策的制定与实施对第二次世界大战后国际经济贸易组织的建立和世界贸易的发展有巨大影响。

（二）日本国际贸易由迅速增长转向缓慢增长

第二次世界大战后日本的国际贸易额增长十分迅速，其中出口贸易额的增长尤为突出。日本出口贸易额由1950年的8.2亿美元，增长到1995年的4430亿美元。出口贸易的平均增长率在1950—1995年为15.8%，超过世界和各类国家的出口年均增长率。日本在世界出口贸易额中所占的比重从1950年的1.4%提高到1980年的6.3%，成为仅次于美国和德国的第三大贸易国家。1995年，这一比重更提高到8.8%。但自1996年起，日本的国际贸易额由升转降。2001年日本的出口贸易额降为4047亿美元，在世界出口贸易中的比重降至6.6%。1992—2001年日本的商品与服务贸易出口量年均增长率为4.4%，低于世界和各类国家出口年均增长率。2002年日本的商品出口贸易额为4160亿美元，在世界出口贸易中的比重为6.5%，增长3%，低于当年世界年均增长4.4%的水平，仍保持为世界第三大贸易国家的地位。2003年日本商品出口额为4719亿美元，在世界商品出口贸易中的比重为6.3%，仍居世界第三位。2004年日本商品出口额为5655亿美元，增长19.8%，低于当年世界年均增长21.9%的水平，占世界出口总额的比重为6.2%，名列美国、德国和中国之后，为世界第四大贸易国。2008年日本商品出口额为7820亿美元，增长10%，占世界出口总额的4.9%，仍低于世界年均15%的增长水平，名列德国、中国、美国之后，为世界第四大贸易国。

改革开放以来，中国国际贸易增长十分迅速，贸易规模日益扩大，国际贸易大国的地位迅速崛起并不断提高。

三、国际贸易结构向高科技产品、服务业发展

(一)在货物出口贸易中,工业制成品所占比重超过初级产品

第二次世界大战前,初级产品在国际贸易中所占比重超过工业制成品。第二次世界大战后,工业制成品在国际贸易中所占比重逐步上升并于1953年超过初级产品,而初级产品所占比重则逐步下降。

造成上述现象的原因主要有:①科学技术的发展、产业结构的变化使制造业的发展速度高于世界农业、矿业的发展速度;②国际分工的深化,国际贸易中的中间产品大大增加;③发达资本主义国家推行农业保护政策使农产品贸易受到限制;④合成代用品的大量出现;⑤原料使用率的提高与废料回收利用能力的加强。

(二)在制成品贸易中,机械产品在各大类商品中增长最快,在世界出口贸易中所占比重不断提高

机械产品(包括运输设备)在世界出口总额中的比重1953年为17.4%,1975年上升到27.9%。1994年世界机械产品贸易额已突破1.5万亿美元,约占世界出口贸易总额的37%,是世界贸易的第一大类商品。汽车、计算机、半导体和电信设备四种产品的出口额约占世界机械产品的出口总额的50%以上。2007年,我国机电产品出口7011.7亿美元,增长27.6%,比当年出口总额增速高1.9个百分点,占当年出口总值的57.6%。

(三)制成品在发展中国家和地区货物出口贸易中所占比重迅速上升

制成品在发展中国家和地区出口中的比重1980年为19.5%,1990年上升到53.6%,2000年达到69.2%。中国在货物出口贸易中,制成品所占比重占绝对主导地位,1980年为46.6%,1990年上升到74.4%,2004年高达93.2%。

(四)高新技术产品在国际贸易商品结构中发展迅速

目前,以信息技术为中心的科技革命蓬勃发展,使得国际货物贸易的传统产品结构发生转变,其中高新技术产品,包括自动数据处理设备、办公用机器、电讯设备、半导体和电子元件等的出口迅速增长。经济合作与发展组织国家高新技术产品在制成品出口中的比重,从1992年的30%提高到2000年的40%。2007年,我国高新技术产品出口总额为3478.3亿美元,增长23.6%,占我国当年出口总额的29%。

(五)服务贸易在国际贸易中的地位不断提高

服务贸易在国际贸易中的比重日益加大。从1980年到2007年,世界服务贸易出口额从3650亿美元扩大到32600亿美元,27年间增长了7.9倍,占世界出口总额的比重从1/7上升到近1/5。

四、跨国公司成为国际贸易的主要力量

（一）跨国公司数量剧增

全球跨国公司总数从 1993 年的 3.5 万家，增加到 2007 年的 7.9 万家，在全球拥有的外国分支机构达到 79 万个。跨国公司 2007 年的销售额和出口额分别增加了 21% 和 15%。

（二）跨国公司在世界生产、贸易和投资中占主要地位

跨国公司国外子公司生产总值 2001 年达到 34950 亿美元，占当年世界国内生产总值的 1/10；国外子公司的销售额为 185170 亿美元，相当于当年世界出口贸易额的两倍多。2001 年，跨国公司子公司出口额为 26000 亿美元，相当于当年世界出口贸易额的 1/3。跨国公司对外直接投资从 1990 年的 17000 亿美元增加到 2001 年的 65820 亿美元。

（三）技术贸易所占比重大

20 世纪 90 年代末期，包括跨国公司外部和公司内部贸易在内，涉及跨国公司的贸易大约占全球贸易总额的 2/3。跨国公司一般具有技术优势，在跨国公司的内部贸易中，技术贸易所占比重很大。据统计，世界上最大的 422 家跨国公司掌握和控制了资本主义国家技术生产的 90% 和技术贸易的 3/4。

五、贸易集团化的趋势加强

第二次世界大战后，贸易集团化就已出现。一批经济贸易集团在 20 世纪 50 年代至 20 世纪 60 年代形成，20 世纪 70 年代到 80 年代初期处于停顿状态。自 20 世纪 80 年代后半期，全球又掀起了世界范围经济贸易集团化的高潮。

（一）贸易集团化的进程加快

1. 欧洲联盟成立

1985 年 6 月，欧洲共同体委员会发表白皮书，建议欧洲共同体于 1992 年建立一个完全统一的欧洲大市场，实现共同体内部商品、劳务、资本和人员自由流动的计划。1986 年 2 月，欧洲经济共同体各国签署了《欧洲一体化文件》。该文件规定在 1992 年 12 月 31 日，正式实现 12 个成员国之间以商品、资本、劳务和人员的自由流动为主要内容的统一大市场。白皮书的发表和《欧洲一体化文件》的签署大大加快了欧洲一体化的进程。白皮书规定，消除一切有形的、技术的和税务的边界障碍，真正实现四大要素在共同体内自由流动。这项工作在 1992 年底已基本完成，统一大市场的目标已基本实现。自 1993 年 1 月 1 日起，欧洲统一大市场正式运转。《马斯特里赫特条约》于 1993 年 11 月 1 日起正式生效，并将欧洲共同体易名为欧盟。这标志着作为经济一体

化组织的欧共体已向政治、经济一体化组织的欧盟过渡。

2. 北美自由贸易区于1994年1月1日起正式建立

1988年，美国和加拿大两国签署《美加自由贸易协定》。1989年，该协定正式生效。协定规定，两国间10年内逐步取消关税，实现自由贸易。自《美加自由贸易协定》生效以来，美加自由贸易区建设进展迅速。1991年6月，美国、加拿大和墨西哥三国开始就北美自由贸易区协议进行谈判，经过14个月的磋商，三国于1992年8月就建立北美自由贸易区达成协议。同年12月，美、加、墨三国首脑分别签署了北美自由贸易区协议。经三国国会审批通过，北美自由贸易区协议于1994年1月1日起正式生效。协议规定，美国、加拿大和墨西哥三国从协定生效之日起在15年内逐步取消货物和服务贸易以及资本流动的所有关税和非关税壁垒。

3. 亚太地区经济合作方兴未艾

1989年，在澳大利亚前总理霍克的倡议下，一个由18个国家参加的"亚太地区经济合作组织"（APEC）部长会议成功举行。1994年11月15日，亚太经济合作组织成员经济体首脑会议通过《茂物宣言》，一致同意在未来的25年内消除本地区的一切贸易壁垒，以实现区域内的贸易和投资的自由化。1995年11月，该组织通过《大阪宣言》和《行动议程》，把长远的目标推入了行动阶段。1996年11月，该组织又通过《亚太经济合作组织加强经济合作和发展框架宣言》等文件，进一步加快了亚太经济合作的步伐。

（二）贸易集团化的规模日益扩大

1. 集团的成员不断增加

20世纪80年代以来，尚未加入贸易集团的国家纷纷要求加入贸易集团。如美加自由贸易协定生效后，美国和加拿大又同墨西哥谈判签署了建立北美自由贸易区协议，使集团规模进一步扩大。在欧洲，出现了一个申请加入欧共体的热潮，奥地利、芬兰和瑞典从1995年1月1日起成为欧盟新成员国。

2002年12月，欧盟首脑哥本哈根会议就欧盟扩大问题与十个候选国达成了全面协议，波兰、匈牙利、斯洛伐克、立陶宛、拉脱维亚、爱沙尼亚、捷克、斯洛文尼亚、塞浦路斯和马耳他已于2004年5月1日成为欧盟正式成员国。2007年初，保加利亚和罗马尼亚加入欧盟，使欧盟成员国从25个扩大为27个。

2. 集团联合形成更大规模的一体化市场

欧共体与欧洲自由贸易联盟于1991年10月达成了建立欧洲经济区的协议。协议规定，欧共体12国和欧洲自由贸易联盟7国从1993年1月1日起，经过5年的过渡，实现商品、人员、资本和劳务的自由流通，从而形成一个占世界贸易量42%的自由贸易市场。经过艰苦的谈判，该协议推迟自1994年1月1日起付诸实施。

(三)贸易集团数量增加

全球贸易集团从20世纪80年代的80多个增加到21世纪初的150多个。截至2008年12月底,向世界贸易组织通报的正在生效的各种区域贸易安排有230个,其中2008年就通报32个,占总数的14%,较2007年通报的17个增长近一倍。

(四)贸易集团的主要形式是自由贸易区

目前,在已经生效的或正在谈判的区域经济一体化形式中,自由贸易区是主要形式。据世界贸易组织统计,截至2006年10月,向世贸组织通报并且仍在生效的区域经济一体化组织达214个,其中自由贸易区为197个,占区域经济一体化组织总数的92%。

(五)贸易集团形成的基础发生变化

由相邻国家组成的贸易集团走向由跨洲和地区的国家组成贸易集团;从由社会制度相同国家组成贸易集团到由社会制度不同国家组成一个贸易集团;从由经济发展水平相近国家组成贸易集团到由经济发展水平相差很大的国家之间组成贸易集团。

(六)贸易集团内部贸易不断扩大

贸易集团内部通过贸易和投资等方面的自由化,统一市场,使内部贸易不断扩大。从1980年到2000年,贸易集团内部贸易占整个集团对外贸易比重:亚太经济合作组织从57.6%提高到72.6%;北美自由贸易区从33.6%提高到54.9%;东盟从17.4%提高到22.7%;欧盟从1980年的60.8%提高到1999年的62.6%。

六、世界贸易组织的多边贸易体制加强

第二次世界大战以后,为了促进世界经济的恢复与发展,经过多次谈判,美国等23个国家签订了关贸总协定,成为多边贸易体制的组织和法律基础。通过关贸总协定主持下的多边贸易谈判,各国关税不断削减;非关税壁垒受到约束,推动了关贸总协定缔约方的贸易自由化。1995年建立的世界贸易组织,取代了1947年关贸总协定,使多边贸易体制更加稳定和完善,使贸易自由化向纵深发展。

第一,世界贸易组织成员到2009年1月达到153个,其贸易额已占世界贸易额的90%以上。

第二,世界贸易组织是个永久性的正式国际组织,具有国际法人地位。

第三,世界贸易组织负责实施管理的贸易协定与协议,从货物延伸到投资、服务贸易和知识产权,把货物、服务、投资与知识产权有机地结合起来。

第四,世界贸易组织对其成员的约束力和贸易争端解决能力均超过1947年关税与贸易总协定。

第五，世界贸易组织更为关注世界可持续发展和发展中国家，尤其是最不发达国家的贸易发展问题。

七、国际电子商务在世界经济和贸易中发挥着重要作用

根据世界贸易组织（WTO）电子商务专题报告的定义，电子商务是指通过电信网络进行的生产、营销和流通等活动，它不仅指以国际互联网为基础进行的交易，而且指所有利用电子信息技术来解决降低成本、增加价值和创造商机问题的商务活动。

电子商务在世界经济和贸易中正发挥着越来越重要的作用。它一方面改变了企业传统的生产、管理和营销模式，以及人们的消费方式；另一方面也促进了世界产业结构的调整，推动了国际分工的深化和国际合作的开展，扩大并丰富了国际贸易的内容，促使国际贸易更加便利和快捷，并由此形成一套全新的贸易活动框架。

第四节 改革开放以来中国的对外贸易

1978年中国共产党召开的十一届三中全会是我国社会主义发展历程的伟大转折点。从此，我国社会主义现代化建设进入了改革开放新时期，国民经济迅速发展，对外贸易也进入了一个新的发展时期。

一、进出口贸易规模迅速扩大

（一）进出口贸易额增长迅速

1978年我国货物进出口贸易总额为206.4亿美元，2007年我国货物进出口贸易总额首次超过2万亿美元，达21738亿美元，比上年增长23.5%，净增加4134亿美元。其中，出口总额12180亿美元，增长25.7%，比上年回落1.5%；进口总额9558亿美元，增长20.8%，比上年加快0.9%。全年累计贸易顺差为2622亿美元。

自改革开放以来，我国货物进出口总额增长一直高于国民经济增长的速度，以17.4%的年均增速在30年内将外贸规模扩展了100多倍。自2001年我国加入世界贸易组织以来，我国进出口贸易增长速度连续6年保持在20%以上，进出口规模翻了两番。1982年到2007年，我国服务贸易进出口总额从43.4亿美元增长到2509.1亿美元，年均增长17.6%。据海关统计，2008年我国进出口总值达25616.3亿美元，比上年增长17.8%。其中出口总额14285.5亿美元，增长17.2%；进口总额11330.8亿美元，增长18.5%。贸易顺差2954.7亿美元，比上年增长12.5%，净增加328.3亿美元。

（二）贸易大国地位日益提高

我国进出口贸易的持续增长，尤其是出口贸易的高速增长，使我国在世界贸易中的比例不断提高，贸易大国的地位迅速崛起并日益巩固。1978年我国出口贸易在世界贸易中仅占0.75%，居第32位。2004年我国出口贸易值占世界出口总额的6.5%，进口贸易额占世界进口总额的5.9%，进出口贸易额均居世界第三位。2007年我国货物出口贸易额占世界出口总额的8.8%，居世界第二位。2008年我国货物出口贸易额占世界出口总额的8.9%，继续保持世界第二位。从具体商品来看，我国已连续多年成为全球纺织品、服装、鞋、钟表、自行车、玩具、缝纫机等劳动密集型产品的第一大出口国。近年来，机电产品中手机、彩电、DVD、录音机、电扇、电冰箱、摩托车、显示器、空调机、拖拉机、集装箱、磁头等出口也升至世界首位。其中，拖拉机占全球生产总量的83%，集装箱占83%，摩托车占50%。截至2009年4月，我国已有774种制成品出口量居世界第一，像玩具类产品"中国制造"占国际市场份额已达90%。2003年全球平均每人购买中国生产的1双鞋、2米布、3件服装，每两人购买中国生产的1顶帽子、1块毛巾和1双袜子。

二、进出口商品结构不断优化

改革开放以来，我国在进出口贸易规模迅速扩大的同时，出口商品结构也不断得到改善。

我国出口商品结构完成了四次重大跨越，20世纪80年代初期实现从农产品为主向工业品为主的转变；20世纪80年代中期实现从初级产品为主向工业制成品为主的转变；20世纪90年代中后期实现由轻纺产品为主向机电产品为主的转变；进入21世纪以来进一步向信息技术等高新技术产品为主方向转变。我国工业制成品出口所占比重从1978年的45.2%上升到2007年的94.9%。

近几年，为了突破我国进出口贸易增长低效局面，引导中国企业"以质取胜"，提升产品科技含量和附加值，我国深入推进1999年提出的"科技兴贸"战略，鼓励企业自主创新和建立自主知识产权。这一战略在2005年正式被纳入商务部的十三项重点工程。此外，我国政府还通过税收、调节、促进出口商品结构的优化，限制"两高一资"（高耗能、高污染、资源性）商品出口，同时鼓励自主知识产权和高新技术产品出口。2003年，我国出台了《关于调整出口退税率的通知》，2006年1月和9月及2007年4月和6月对出口退税率的几次调整，均体现了上述政策的目的。

在上述政策的引导和作用下，我国进出口贸易发展模式转型升级取得了显著成效，出口产品结构不断优化，企业核心竞争力日益提高。2007年，我国机电产品出口额为7011.7亿美元，增长27.6%，比当年总体出口增速高出1.9个百分点，占当年我国出口总额的 57.6%。2008 年我国机电产品出口额为 8229.3 亿美元，增长 17.3%，仍占当年我国出口总额的 57.6%。同年，我国高新技术产品出口由 7 年前的占出口总额的 17.5% 增加到占出口总额的 29%。2006 年，我国手机出口量约为 3.5 亿部，年增长率高于 60%，占全球手机出口量一半以上。

改革开放以来，我国进口商品中初级产品和工业制成品的比例较为稳定。我国 1985 年初级产品进口比例为 17.1%，工业制成品为 82.9%，进入 20 世纪 90 年代后，初级产品的比重呈上升趋势，2000 年初级产品进口占 20.8%，工业制成品占 79.2%；2002 年初级产品比例下降为 16.69%，工业制成品比例上升为 83.31%。2002 年，我国进口初级产品额为 492.7 亿美元，增长 7.7%，同期我国工业制成品进口额为 2459.4 亿美元，增长 24.3%。这说明我国进口商品结构日益优化。2007 年，我国工业制成品进口额达到 7128.4 亿美元，占当年进口总额的 74.6%，初级产品进口额为 2429.8，占当年进口总额的 25.4%。

2000 年以来，我国进口商品结构发生了新的变化：

第一，短缺的资源性商品和农产品，如石油、小麦、大豆、橡胶等大量进口。2000 年，我国进口原油创纪录地达到 7000 万吨，支付外汇近 150 亿美元。2003 年，我国进口原油增长到 9112 万吨，同比增长 31.3%。2003 年，我国进口大豆 2074 万吨，增长 83.3%。2006 年，我国进口铁矿砂 3.26 亿吨，增长 18.6%；进口大豆 2827 万吨，增长 6.3%。2007 年，我国进口大豆 3082 万吨，增长 9.2%。

第二，以信息、通信类产品为主的高新技术产品进口额大增。2000 年，我国进口新技术产品额达 525 亿美元，比上年增长 40%，其中集成电路进口额为 133 亿美元，增长 77%。2003 年，我国电子元器件进口额为 617.7 亿美元，同比增长 46.3%。1995 年，我国进口集成电路及微电子组件额为 21.9 亿美元，占当年工业制成品进口总额的 2%。2004 年，我国进口此类产品额为 608 亿美元，所占比重升至 13.7%。2007 年，我国进口机电产品 4989.8 亿美元，增长 16.7%，其中汽车进口 31.3 万辆，增长 37.9%。2008 年，我国进口机电产品额为 5386.6 亿美元，增长 7.9%；进口汽车 40.8 万辆，增长 30.6%。

第三，技术引进项目和金额成倍增长。"九五"期间，我国共引进技术 3 万余项，金额达 800 多亿美元，分别为"八五"时期的 5 倍和 2.5 倍。截至 2003 年底，我国共进口各类技术近 6 万项，合同总金额近 2000 亿美元。2006 年，我国共登记技术引进合同 10538 项，合同总金额 220.2 亿美元，同比增长 15.6%。其中，技术费 147.6 亿美元，占合同总金额的 67.0%，专有技术许可合同成交额 72.8 亿美元，同比增长 42.8%，占合同总金额的 33.0%。

三、多、双边经贸关系和区域合作全面发展

（一）与欧盟、美国、日本等发达国家的经贸关系继续发展

1. 中国与欧盟经贸关系的发展

1975年，中国和欧盟的前身欧共体建立了正式外交关系，1978年双方签订了长期贸易协定，并建立了贸易混合委员会制度，为双方经济贸易和科技合作的发展提供了充分的法律依据。根据贸易协定的规定，欧共体逐步放宽了从我国进口的限制，增加了配额额度。从1980年1月起，欧共体给我国以普惠制待遇，我国则对来自欧共体的进口也给予优惠待遇。1985年5月，双方又签订了贸易和经济合作协定，扩大了双边经贸合作的范围。此外，欧共体还与我国外交部和原对外贸易经济合作部分别建立了政治磋商制度与部长级定期会晤制度。

2006年9月12日，中欧工商峰会在赫尔辛基举行，时任国务院总理温家宝出席峰会并提出推动中欧经贸合作四点建议。温家宝指出，经过30多年的发展，中欧关系特别是经贸关系更加成熟，合作领域不断扩大；欧盟已成为中国最大贸易伙伴、第一大技术来源地和第四大外资来源地，中国则是欧盟第二大贸易伙伴；互利共赢的中欧经贸关系，不仅给双方人民带来了实实在在的经济利益，而且成为中欧关系发展的坚实基础和强大动力。温家宝对推进中欧经贸合作提出了四点建议：第一，拓展各类技术合作；第二，加强能源和环保合作；第三，深化农业和服务业合作；第四，推动中小企业合作。

2006年11月7日，第21届中欧经贸混委会在北京举行。双方就完善1985年《贸易与经济合作协定》、欧盟对华经贸政策文件、欧盟扩大补偿谈判、加强知识产权保护、中国市场经济地位、鞋类产品反倾销、汽车零部件、加强部门对话与发展合作以及落实当年9月双方领导人达成的共识等广泛议题务实、深入地交换了意见。

2. 中国与美国经贸关系的发展

中美贸易关系源远流长。新中国成立前，中国是美国的重要出口市场、原料供应地和投资场所。新中国成立后，中美两国继续保持着贸易关系。1950年6月，因朝鲜战争，美国对我国实行了"禁运"，致使两国贸易关系完全中断。1969年，在我国日益强大、国际地位不断提高的情况下，美国不得不改变对华政策，开始逐步放宽对中国的"禁运"和贸易限制。1972年，美国总统尼克松访华，联合发表《上海公报》，指出："双方把双边贸易看作是一个可以带来互利的领域；并一致认为，平等互利的经济关系是符合两国人民的利益的。"从此，中美关系开辟了新前景，也为中美贸易的恢复与发展奠定了基础。特别是1979年1月，中美两国正式建交，两国贸易关系由此进入一个新的正常发展时期。

中美经贸关系的发展大体可以分为三个阶段。

第一阶段，恢复与发展（1979年—1991年）。中美双边贸易额从1979年的24亿美元增长到1991年底的142亿美元，12年间增长了近5倍。这一阶段的双边经贸关系以货物贸易为主，中国一直处于逆差地位。

第二阶段，走向成熟（1992年—2001年）。邓小平南行讲话标志着我国改革开放进入新的历史阶段，党的十四大明确提出建设社会主义市场经济，为中美经贸关系注入新的活力。1999年11月15日，中美达成中国加入世界贸易组织双边协议，美国国会通过对华永久正常贸易关系议案，消除了困扰中美经贸合作的一大不稳定因素，为中美关系健康发展创造了条件。这一阶段，中美双边贸易额从1992年的175亿美元增长到2001年的805亿美元。自1993年起，中美贸易开始出现顺差。美国在华投资项目从1991年的694个，跃升到1992年的3265个，实际投资金额突破5亿美元，2001年美国对华实际投资金额突破44亿美元。

第三阶段，快速发展（2002年至今）。以中国加入世界贸易组织为标志，中国经济更加全方位和深层次地融入世界经济，中美经贸关系从货物贸易逐步扩展到服务、投资、经济技术合作等经济生活的各个领域。中美双边贸易从2002年的972亿美元，增长到2007年的3021亿美元，年均增幅27%以上。

2006年12月至2008年12月，中美先后举行五次战略经济对话，进一步促进了两国的经济合作和贸易的发展。

2006年12月14日，中美在北京举行首次战略经济对话。这次中美战略经济对话为期两天，时任我国国务院副总理吴仪和美国财政部部长保尔森分别作为两国元首特别代表共同主持，两国政府相关部门的部长和高级官员与会。这次中美战略经济对话认真贯彻落实两国元首达成的重要共识，双方围绕"中国的发展道路和中国经济发展战略"对话主题，就城乡均衡发展、中国经济的可持续增长、促进贸易和投资、能源、环境和可持续发展等5个专题、11个分议题进行了深入讨论。在对话过程中，双方自始至终都以积极坦诚的态度认真开展对话，增进了了解、扩大了共识、加强了互信，双方还就一些具体问题达成共识。吴仪和保尔森在共同会见记者时表示，此次对话非常成功，双方的讨论"坦率而富有成果"。此次对话中，中美双方确定以服务业、医疗、投资、加强透明度、能源和环境等领域为未来6个月的工作重点。

2007年5月22日至23日，中美在华盛顿举行了第二次中美战略经济对话，吴仪和保尔森共同主持了第二次对话。在首次对话取得共识的基础上，双方又达成了以下新的原则共识：促进经济平衡增长以实现可持续发展是双方共同的责任；承认创新在实现经济繁荣方面的重要作用，鼓励以市场为导向的公平竞争、有效的产权保护，特别要促进中小企业创新的发展、管理与应用；加强合作，以实现各自在能源安全、节能和能源效率方面的目标；加强在清洁能源开发、环境保护、清洁发展和应对气候变化方面的合作；就透明度开展合作与交流，为市场参与者提高可预见性，增强对两国经济体的信心，同时加强透明度方面的国际义务。通过讨论，双方取得了一系列有利于增强和深化双边经济关系的成果。

2008年6月17日，第四次中美战略经济对话在美国马里兰州首府安那波利斯举行。此次对话由中美两国政府首脑的特别代表时任我国国务院副总理王岐山和美国财政部部长保尔森共同主持。在全球经济增长放缓的大背景下，中美经济都面临着一些困难和挑战，加之美国大选年的一些不确定因素，本次对话更被赋予了不同寻常的意义。此次对话涉及了宏观经济与管理、发展和保护人力资本、双边贸易和开放市场、加强投资、能源与环境方面的进一步合作五方面议题。此次对话前，120家企业组成的中国贸易投资合作促进团在美国11个州的14个城市举办18场贸易投资促进活动。2008年6月16日，中美两国的企业界代表分别在美国首都华盛顿和密苏里州的圣路易斯市签署了71项合同或协议，总金额约136亿美元，产品涉及大豆、节能机电产品、通信化工产品、飞机发动机、机械设备、通信及网络设备、半导体及电子器件等11大类。中国自美国进口汽车约8.15万辆，签署对美投资协议3项，投资金额3.06亿美元。中美双方签署的上述大额合同协议为此次对话打下了良好基础。

2008年12月4日，第五次中美战略经济对话在北京举行。这次对话是中美在建交30周年之际举行的一次重要对话，是总结过去、展望未来、坦诚务实、富有成果的对话，在许多方面达成重要共识。这次对话在宏观经济与金融服务、能源和环保合作、贸易与投资、产品质量和食品安全、国际经济合作五个方面达成了40项成果。时任我国国务院总理温家宝在会见出席第五次中美战略经济对话的美方代表时表示，面对国际金融危机的严峻形势，必须坚定信心、加强合作，信心是克服困难的力量源泉，合作是克服困难的有效手段。温家宝强调，中美建交30年有两条根本经验：第一，中美都是世界上具有重要影响的大国，发展建设性合作关系不仅有利于两国人民，而且有利于世界和平、稳定与繁荣；第二，中美虽然社会制度和历史文化不同，但有着广泛的共同利益，当前国际政治、经济形势复杂多变，中美更应加强对话、扩大共识、推进合作，走出一条互利共赢的光明大道。

上述历次中美战略经济对话为两国的经济合作、贸易发展创造了有利条件。

3. 中国与日本经贸关系的发展

中日两国的贸易往来有着悠久的历史。新中国成立以后，中日贸易是以民间贸易为基础逐步发展起来的。它经历了20世纪50年代的民间协定贸易时期、60年代的友好贸易和备忘录贸易时期。在此期间，受两国关系非正常化的影响，中日双边贸易规模很小，到复交前的1971年只有8.7亿美元；交换的商品品种也很有限，主要是肉类、农副产品、化学、冶金产品等。

自1972年中日两国实现邦交正常化，特别是1979年中国实行对外开放政策以来，在良好的政治外交关系的引导下，中日贸易有了突飞猛进的发展。

2007年4月11日，时任我国国务院总理温家宝在东京同日本首相安倍晋三举行会谈。双方确认了中日战略互惠关系的内涵，同意建立中日经济高层对话机制，表示要共同努力，在能源环保、农业、医药、知识产权、信息通信技术、金融等领域加强互利合作，为两国的经济合作、贸易发展创造了机遇和条件。

2008年5月7日，时任我国国家主席胡锦涛在出席日本主要经济团体举行的欢迎午宴时，发表题为《共享机遇，共同发展》的重要讲话。讲话指出，不断扩大和深化中日经贸合作，符合两国人民的根本利益，也是全面深化中日战略互惠关系的必然要求。胡锦涛就进一步发展中日经贸合作提出四点建议：第一，重点加强节能环保领域合作；第二，积极参与中国区域发展进程；第三，大力推进两国企业合作；第四，在地区和全球经济事务中加强合作。

2003年，我国与主要贸易伙伴双边贸易实现全面快速增长。我国与美国、欧盟、日本三大贸易伙伴的双边贸易总额均突破千亿美元大关，其中与美国和欧盟的双边贸易首次突破1000亿美元。日本连续11年成为我国最大的贸易伙伴，2003年中日双边贸易总额达1335.8亿美元，同比增长31.1%。日本也是中国吸收外资的主要来源地。美国是我国第二大贸易伙伴，2003年中美双边贸易总额1263.3亿美元，同比增长30%。美国也是我国最大的商品出口市场以及高新技术和吸收外资的主要来源国；我国纺织、服装等传统优势产品在美国市场占有率名列前茅，办公自动化及数据处理设备、电力机械、光学仪器、电信及录音设备等新兴优势产品出口增长很快，在美市场占有率列前两位。同年，我国与欧盟双边贸易总额达到了1252.2亿美元，同比增长44.4%，欧盟为中国第一大技术来源地、第三大贸易伙伴和第四大引资来源地。

2004年，我国与主要贸易伙伴双边贸易实现全面快速增长。据海关统计，欧盟成为我国第一大贸易伙伴，中欧双边贸易总额达1772.8亿美元，增长33.6%；美国仍是我国第二大贸易伙伴，中美双边贸易总额达1696.2亿美元，增长34.3%；日本列居第三，中日双边贸易总额达1678.7亿美元，增长25.7%。

2006年，欧盟继续为我国第一大贸易伙伴，中欧双边贸易总值为2723亿美元，增长25.3%，占当年我国外贸进出口总值的15.5%。美国为我国第二大贸易伙伴，中美双边贸易总值达2626.8亿美元，增长24.2%。日本为我国第三大贸易伙伴，中日双边贸易总值为2073.6亿美元，增长12.5%。

2007年，我国与主要贸易伙伴之间的双边贸易都实现了较快增长。欧盟继续为我国第一大贸易伙伴，中欧双边贸易总额为3561.5亿美元，增长27%。美国为我国第二大贸易伙伴，中美双边贸易总额为3020.8亿美元，增长15%。日本为第三大贸易伙伴和最大进口来源地，中日双边贸易总值为2360.2亿美元，增长13.9%。

2008年，在我国主要贸易伙伴中欧盟继续为我国第一大贸易伙伴，中欧双边贸易总值为 4255.8 亿美元，增长 19.5%，分别高于同期中美、中日双边贸易增速 9% 和 6.5%。同期，美国继续为我国第二大贸易伙伴，中美双边贸易总值为 3337.4 亿美元，增长 10.5%。日本仍为我国第三大贸易伙伴，中日双边贸易总值为 2667.8 亿美元，增长 13%。

（二）与港台地区和周边国家的贸易增长迅速

2006 年，我国与前十大贸易伙伴的双边贸易值均保持两位数增长，超过 1000 亿美元的贸易伙伴由 2005 年底的 6 位增至 7 位。除欧盟、美国外，日本新增为年度双边贸易值超过 2000 亿美元的贸易伙伴。随后依次是香港特别行政区、东盟、韩国和台湾地区。其中，2006 年祖国大陆与台湾地区的双边贸易总值首次超过千亿美元，达 1078.4 亿美元。

2007 年，我国对东盟、香港特别行政区、韩国和中国台湾地区的双边贸易值均继续超过千亿美元，分别为 2025.5 亿美元、1972.5 亿美元、1599 亿美元和 1244.8 亿美元，分别增长 25.9%、18.8%、19.1% 和 15.4%。

（三）区域经济合作不断深化

近年来，中国广泛积极地参与多种区域经济合作并已取得了阶段性进展，已经谈成了内地和港澳的更紧密经贸关系安排、中国—东盟自由贸易区货物贸易协议、中国—智利自由贸易协定、中国—巴基斯坦自由贸易协定、中国—新西兰自由贸易协定以及中国—新加坡自由贸易协定。截至 2007 年底，我国已完成和在谈自由贸易区 12 个，涵盖我国外贸总额的 1/4，初步构筑起东西呼应的自由贸易平台。我国贸易伙伴由 1978 年的 40 多个发展到 220 多个。中国参与区域经济合作，除建立自由贸易区外，还包括经济贸易政策对话、贸易投资便利化和经济技术合作等内容。

四、外贸管理法律体系日益完善

外贸管理体制改革，始终服从于经济体制改革，服务于国民经济和外贸发展的需要。外贸领域成为我国法治化、市场化和管理透明度最高的行业之一。我国外贸管理法律体系日益完善，形成以《中华人民共和国对外贸易法》为一级法、《中华人民共和国货物进出口管理条例》为二级法、配套的部门规章为三级法的进出口管理法律框架体系，全面推行信息公开和电子政务。我国商品管理也日益规范，自 1980 年重新实行进出口许可证管理以来，多次大幅削减出口许可证管理商品种类，从 1998 年的 114 种降至 2008 年底的 47 种，占出口比重从 28% 降至 4%。我国进口自由化程度显著提高，关税总水平从改革开放初期的 50% 降至 9.8%，基本取消进口非关税措施。我国外贸经营权改革到位，从审批到备案的管理改革，从十二家到几十万家的规模扩张，从外贸公司专营到各类企业平等竞争、共同发展的多元化格局的变迁，为外贸发展注入了新的活力。

五、经营主体和贸易方式多元化

2004年7月1日,我国放开进出口经营权,从审批制过渡到了登记制,有进出口经营权的企业包括国有企业、外资企业、民营企业等。截至2008年8月底,我国对外贸易经营者达71.5万家,其中,国有企业2.4万家,占进出口比重从1981年的99.5%降至2007年的22.8%;外资企业约32万家,占进出口比重从0.3%提高到57.8%;民营等其他经营者37.1万家,占进出口比重从0.2%提高到19.4%。一批拥有自主知识产权和品牌的企业在市场竞争中脱颖而出。2007年,民营高科技企业首次进入我国出口十强。除一般贸易外,我国来图加工、来样加工、来料加工、来件装配等均有较快发展,加工贸易占出口总额的比重已经达50%左右,加工贸易进出口总额从1981年的25亿美元,增加到2006年的8319亿美元,增长了333倍。同期,加工贸易在对外贸易中的比重从5.7%提高到了47.2%,其对出口的贡献率达到60%以上。它已是我国对外贸易的主要方式。

六、对外贸易在国民经济中的地位和作用日益增强

一是促进了经济增长。我国出口占国内生产总值的比重,已由1978年的4.6%上升到2007年的37.5%。据测算,2005年以来,我国货物和服务净出口对经济增长的贡献在20%以上,拉动经济增长平均在2.4%左右。

二是增加了国家税收。2003年,我国进出口税收占全国税收总额的13.6%,涉外企业税收占全国税收收入的20.4%。"十五"期间我国海关税收连续保持大幅度增长,2001年至2005年9月,海关累计征税17415亿元,其中,2003年、2004年连续两年增收超千亿元,成为中央财政收入的重要增长点。2007年,全国海关累计征收关税和进口环节税7584.6亿元,比2006年多收1480.4亿元,增长24.3%。2008年,全国海关税收净入库9161.1亿元,比2007年多收1576.4亿元,增长20.8%。2003年至2008年,中国海关6年税收净入库3.6万多亿元。

三是扩大了社会就业。我国对外贸易吸纳的直接就业达8000万人,外商投资企业扩大就业超过4200万人。

四是增加了外汇储备。我国外汇储备从1978年的1.67亿美元,增加到2008年12月末的1.95万亿美元,超过日本居世界首位,对防范金融风险和维护国家经济安全发挥了重要作用。

七、保持外贸稳定增长

2008年,随着国际金融危机的快速蔓延和扩大,国际经济环境持续恶化,我国国

内经济也出现了明显困难。根据形势发展的变化，我国政府沉着应对，出台了一系列扩大内需、稳定出口、促进经济平稳较快发展的政策和措施，为坚定信心、克服困难、保持经济平稳较快地运行创造了有利的条件，同时也对提振全球信心和缓和危机影响起到了重要作用。

时任我国国家国务院总理温家宝于 2009 年 3 月 5 日在第十一届全国人大二次会议上表示，我们强调扩大内需，绝不能放松出口；要坚持出口市场多元化和以质取胜战略，巩固传统出口市场，大力开拓新兴市场。温家宝在政府工作报告中，全面系统地部署了保持外贸稳定增长工作：一是充分运用国际通行的财税政策支持出口，适度扩大外贸发展基金规模，重点支持中小企业开拓国际市场和培育出口品牌；二是改善对进出口的金融服务，扩大出口信用保险覆盖面，鼓励金融机构发展出口信贷，创新出口企业融资担保方式；三是稳步推进加工贸易转型升级，改善加工贸易发展的环境，调整加工贸易禁止类和限制类目录，鼓励出口加工业向中西部地区转移；四是抓紧完善鼓励服务贸易的政策措施，大力发展国际外包服务；五是努力扩大进口，重点引进先进技术装备，增加关键零部件元器件、重要能源资源和原材料进口；六是提高贸易便利化水平，优化海关、质检、外汇等方面监管和服务，加强边境口岸建设；七是营造良好的国际经贸环境，积极推动多哈回合谈判，加快实施自由贸易区战略，妥善应对贸易摩擦。

2009 年 5 月 27 日，国务院常务会议研究部署进一步稳定外贸的政策措施。国家确定六项措施进一步稳定外需，包括：完善出口信用保险政策；完善出口税收政策；大力解决外贸企业融资难问题；进一步减轻外贸企业负担；完善加工贸易政策；支持各类所有制企业"走出去"以带动出口。

第二章　国际贸易经典理论的发展

第一节　重商主义思想

顾名思义，重商主义（Mercantilism）就是一种强调"商业""资本"以及"财富"在一国对外经济活动中具有重要意义的理论思想。究其历史，重商主义产生于15—17世纪西方封建社会逐渐瓦解和资本主义逐步发展的原始积累阶段，反映了当时的理论动向与政策变迁。关于重商主义的出处，一般认为是由亚当·斯密（Adam Smith）在其重要著作《国民财富的性质和原因的研究》一书中提出的，而在此之后，人们对于国际贸易的思考与研究可以说都是从重商主义出发的。

一、重商主义的经济思想

重商主义认为，一个国家的经济发展必须建立在货币财富的大量积累之上，这意味着在以金银等贵金属为货币的时代，一个国家的金银储备越多，其经济也就越发达。按照这样的逻辑，重商主义主张政府应加强对经济的干预，特别是要强化对国际贸易的管控。一个国家要尽可能地增加出口而减少进口，即通过扩大贸易顺差来实现其财富和资本的不断积累。

重商主义的发展可以被划分为早期重商主义和晚期重商主义两大阶段。

早期重商主义又被称为"货币差额论"，形成于15—16世纪，研究者以英国的威廉·斯塔福（William Staffor）和约翰·海尔斯（John Hales）为代表。在这一时期，人们普遍认为财富就是货币，货币就是金银，主张严格限制贵金属货币的向外输出。尤其是在国际贸易中，应当通过政府实施的行政政策来主动实现多出口、少进口或不进口，从而形成所谓的"货币平衡"。在货币差额论的影响下，政府开始干预经济和贸易，货币、资本及商品的自由流动被人为限制，甚至连外国商人的经营活动也被管理起来。在这一思想的作用下，国家的货币看似得到了积累，但国际贸易尤其是自由贸易的优势却并没有得到应有的重视。

晚期重商主义也被称为"贸易差额论"，形成于16—17世纪，研究者以英国的托马斯·孟（Thomas Mun）为代表。在这一时期，人们开始意识到片面强调在每一笔国际贸易中都要实现货币财富的净流入是狭隘的和错误的，政府在继续强调争取顺差、积累金银的同时，开始允许一些企业向外国输出资本，因为只要做到总的贸易收支就是货币流入大于货币流出的，那么一个国家仍然能够实现所谓的"贸易平衡"。在贸易差额论的指导下，当时的英国、法国及德国等资本主义国家陆续开始实行货币限制、奖出限入及贸易垄断等政策，在鼓励输出货币的过程中获得了更多的输入货币，最终从其殖民地市场掠夺到了大量的财富，从而完成了西方资本主义的原始积累。

重商主义思想经历了从货币差额论到贸易差额论的发展，体现了早期研究者对国际贸易与经济发展相互关系的最初认识，也反映了商业资本在不同历史时期的影响与作用。事实上，亚当·斯密在研究重商主义之时，已经对其进行了批判和反驳，并在其基础之上提出了后来的国际贸易绝对优势理论。

二、重商主义的政策体系

（一）限制金银货币的流出

既然金银货币代表了资本财富，那么政府必然要制定政策来限制贵金属货币的跨国自由流动。按照重商主义的基本思想，货币政策的重点是严格管制货币的向外流出，具体表现为对国际贸易收支的严格管理，即只能有金银流入的顺差，不能有金银流出的逆差。例如，在历史上，英国、西班牙等国就制定了严苛的法律来惩罚将金银输出到国外的个人和企业。

（二）强化国际贸易的垄断

由于金银货币的主要来源是国际贸易顺差，所以实行重商主义的国家自然也要实行国际贸易的垄断政策。特别是当西方资本主义逐渐进入殖民主义时代之后，西欧各国不断强化对海外殖民地市场的贸易垄断，并利用国际贸易中原材料和制成品之间的价格剪刀差，独占并持续掠夺了大量海外财富，从而形成了不断积累的"垄断顺差"。

（三）推行奖出限入的政策

重商主义与贸易保护主义可谓密切关联，主张重商主义的国家必然会采取贸易保护政策。

奖出限入政策就是运用政策工具鼓励出口并限制进口的一般做法。具体而言，政府可以一方面通过采用出口退税、出口补贴及贸易奖励等政策手段尽可能鼓励本国商品对外出口，另一方面又通过采用加征关税、进口配额及进口禁令等政策措施尽可能限制外国商品向内进口。当然，限制进口的措施并没有绝对执行，对于生产性的设备原料和非生产性的消费品还是有所区别的。例如，英国就曾经颁布专门的法令来禁止国内个人和企业进口海外奢侈品，并以补贴进口原材料的方法来保护本国产业的生存与成长。

（四）促进本国航运的发展

国际货物运输是国际贸易的重要环节，人们很早就意识到国际航运对于一个国家发展贸易的关键作用。对于实行重商主义的国家而言，海上贸易的通畅与否更关系着货币财富能否持续流入这一核心问题，因而受到各个国家的高度重视。特别是随着世界地理大发现和新航线的不断开通，早期西方资本主义国家间的海上竞争也愈发激烈起来。为此，在历史上，相应国家纷纷制定政策，既要限制外国承运人来经营本国的航运业务，又要鼓励本国承运人去积极拓展国际运输业务。例如，英国就曾规定，有关英国的国际贸易运输必须使用英国公司的船舶。

（五）鼓励本国工业的成长

重商主义的主要观点是强调贸易顺差，顺差的前提又是拥有大量畅销的外贸商品。当西方国家进入资本主义生产方式之后，工业品成为主要的出口商品。为此，各国政府以提高出口商品的国际竞争力为目标，制定了各种政策来发展工业。例如，针对工矿企业，政府可以发放低息贷款；针对技术工人，政府可以给予高薪待遇；针对机器设备，政府还可以免征关税等。可以说，后来的重商主义渐渐从单一的促进出口政策转向了更为多元化的鼓励工业成长政策。

综上所述，以上各项措施构成了重商主义思想的基本政策体系，虽然并不完美，但在历史上促进了西方资本主义生产方式的最终形成。

三、对重商主义的评述

重商主义是特定历史时期的国家贸易理论探索，它的历史局限性是不容置疑的。其经济思想的特点主要是强调了货币与财富的重要意义，其政策主张的特征是重视国家对经济贸易的主观干预。

有学者指出，重商主义是对西方封建主义经济思维的一次重大突破，人们从重商主义开始，进行了围绕商业资本的世俗化的经济研究，并渐渐看清了从货币到商品再到货币的资本生产过程。就这一点而言，重商主义还是有一定的理论和实践价值的。然而，重商主义却存在着明显的瑕疵。比如，重商主义对社会财富的认知是片面的、错误的。金银、货币、资本及财富是一组既相互联系又相互区别的概念，决不能简单地画上等号。同时，重商主义对于世界财富的认知也是静态的、固化的。事实上，后来的贸易理论已经证明，国际贸易并非零和博弈，世界财富完全可以在贸易中被创造、被增加。当然，诞生于数百年前的重商主义并没有消亡，甚至还在发展，后来还出现了"新重商主义"。其中的某些政策主张至今仍然存在并依然具有一定的现实意义。特别是对于发展中国家而言，在面对如何提高工业产品的国际竞争优势，如何应对发达国家的贸易保护主义，以及如何保护本国的幼稚产业等难题时，重商主义仍然具有参考价值。

第二节　绝对优势理论

绝对优势理论产生于17—18世纪，是一种强调绝对成本优势的国际贸易理论。当时的欧洲经历了从英国到法国的资产阶级革命，资本主义的发展进入了全新的阶段。与此同时，人们对于经济贸易的观点也在不断进步，重商主义思想开始衰落，而自由贸易理论逐渐兴起。

绝对优势这一概念仍然是由英国古典经济学家亚当·斯密在其《国富论》一书中提出的。以他为代表的学者认为，国际贸易产生的原因在于各国之间生产成本的价格差异。具体而言，对于某项商品，只有拥有较低绝对成本的国家才具有生产这项商品的绝对优势，也只有这类国家才可以出口该项商品；反之，一个国家若没有某项商品的绝对成本优势，则只能选择进口该类商品，而放弃生产与出口。按照这样的逻辑，世界各国都应该重新评估本国的生产成本与出口优势，并按照绝对优势进行国际分工。国际贸易的最优模式是各国仅仅出口本国的绝对优势商品，而进口绝对劣势商品，从而实现所谓的新的"自由贸易"格局。

一、绝对优势理论的内涵

重商主义思想仅仅强调了国际贸易的结果是要扩大顺差，并没有系统解释国际贸易产生的原因是什么。17世纪，西欧各国的资本主义生产方式得到了巩固与发展，扩大贸易和自由贸易已迫在眉睫。此时，处于产业革命前夜的经济学家们开始思考，国际贸易的根本动因和条件是什么呢？为此，以亚当·斯密为代表的学者提出了绝对优势理论，他们不但批评了重商主义的故步自封，倡导了自由贸易的势不可挡，而且概括出了国际贸易的基本原理——绝对成本学说。

按照绝对优势理论的观点，在国际贸易中，绝对成本带来绝对优势，绝对优势创造绝对利益。因此，参与国际贸易的国家应当充分认知本国的绝对成本，并凭借这一成本优势从国际贸易中实现获利。然而，绝对成本优势又从何而来呢？围绕这一问题，亚当·斯密等学者展开了一系列研究，并重新解析了一条从自然禀赋到财富积累的绝对优势形成路径。

（一）财富积累来自发展生产

绝对优势理论并不赞同重商主义的财富观，认为金银货币仅仅是社会财富的表现而非本质。所谓社会财富，是指社会劳动者通过生产活动所创造出来的有价值的劳动产品。一般而言，使用价值和交换价值是社会财富的两项基本特征。亚当·斯密认为，一个国家生产各类商品的能力是其能否长期富有的关键。只有当剩余商品的数量和质量能够满足跨国交换的需要时，国际贸易才能顺利开展，因此，以商品为代表的物质财富才是换取货币财富的基础，而生产商品的能力才是积累财富的源泉。

（二）发展生产来自劳动分工

一个国家生产能力的提高主要体现为劳动生产率的提高，而提高劳动生产率的最佳方法就是进行劳动分工。在管理学中，劳动分工是组织生产的一种常用方法，科学合理的分工能够提高劳动生产者的熟练程度，从而节约生产过程中的时间成本、培训成本及转换成本等。亚当·斯密在其著作《国富论》中提出并阐述了劳动分工对于发展生产的重要价值，在他看来，劳动分工是人类从事生产和交换活动的自然倾向，分工的结果必然是对生产数量和生产效率的大幅提升。例如，在分工前，一名工人每日可生产20枚针，而在分工后，平均每名工人每日可生产4800枚针，劳动生产率发生了巨变。

（三）劳动分工来自自然禀赋

绝对优势理论将劳动分工上升为了国际分工，认为国家与国家之间也可以按照贸易商品的生产类型进行分工。从概念上讲，国际分工（International Division of Labor）是社会劳动分工的高级形式，它使得各国的生产活动更加紧密地联系在一起，并最终成为世界市场形成并发展的重要特征之一。亚当·斯密指出，国际分工的基础是各国先天的自然禀赋或后天的要素获得。自然禀赋包括气候、土壤、物产、资源及地理条件等，要素获得则包含技术研发、设备引进及劳动力培养等。按照禀赋的具体情况，国际分工也有不同的类型，例如，按照禀赋的"有与无"，贸易国家可分为生产出口国和依赖进口国；按照禀赋的"多与少"，贸易国家可分为大量出口国和大量进口国；按照禀赋的"轻与重"，贸易国家可分为自由贸易国和垄断贸易国。需要指出的是，尽管后来的研究已经表明，禀赋论并不完全正确，但其在解释自然资源条件下的国际分工时仍然具有独特的说服力，因此，依据禀赋开展分工是各国参与国际贸易的最优选择。

（四）自然禀赋决定了绝对优势

自然禀赋赋予了一个国家生产某项商品的绝对成本优势。例如，拥有肥沃土地和良好自然环境的国家更有可能生产出品质优良的农产品；拥有大量熟练掌握生产技艺的手工劳动者的国家更有可能制造出价格低廉的纺织品。显而易见，这些有利条件可以使一国生产的商品成本更低、质量更高、数量更多，从而具备参与国际市场竞争的绝对优势。时至今日，由禀赋创造出优势的例子仍然比比皆是，例如，泰国出口大米、俄罗斯出口石油、中国出口服装……可以说，自然禀赋优势不仅提升了商品的生产条件，而且改善了商品的交换条件，更为国际贸易的进行提供了更优的可选择方案。

综上所述，绝对优势理论阐述了"财富—生产—分工—禀赋"这一国际贸易绝对优势的形成路径，将研究国际贸易的理论推向了更深层次。亚当·斯密在批评重商主义限制贸易政策的同时，在绝对优势理论中提倡了自由贸易政策。在他看来，如果世界上的每一个国家都能专注于生产并出口本国的绝对优势商品，而完全进口本国的绝对劣势商品，那么世界贸易的整体效果将会提升，各国人民的经济福利也会增加。

二、绝对优势理论分析

按照绝对优势理论的分析思路，我们首先做出如下假设：

第一，世界上有两个国家，假设为 A 国和 B 国。

第二，每个国家只生产两种商品，假设为工业品和农产品。

第三，生产投入只需一种要素，假设为劳动力，并且各国的劳动力无差异。

第四，生产要素在国内行业之间自由流动，但不能跨国流动。

第五，生产的商品可以在国家间自由贸易。

第六，假设国家间的运输成本、时间成本、中间环节费用等为零。

第七，假设生产技术和生产成本保持不变。

第八，不考虑外汇因素，假设为易货贸易。

三、对绝对优势理论的评述

相比于重商主义思想，绝对优势理论有了明显进步，特别是对于劳动生产率和国际分工的阐述较好地解释了国际贸易的基本原理，有关自由贸易的政策主张更是对当时资本主义生产力的发展起到了推动作用。绝对优势理论不但解释了不同禀赋的国家如何通过分工和交换实现双赢的问题，更描绘了一幅各个国家凭借各自优势在国际贸易中创造财富的美好图景。

然而，绝对优势理论依然存在着明显的局限性。例如，其将分工视为交换的发展倾向，从而忽略了分工早于交换这一生产关系发展的历史事实，因此是片面的、错误的。更有学者指出，绝对成本优势只是国际贸易中的一个特例，因为在现实中，能够引发国际贸易的优势既不是绝对的，也不是不变的。正如后来的比较优势理论是这样假设的：如果一个国家在各方面都处于绝对优势，而另一个国家在各方面则处于绝对劣势，那么，它们还有可能开展国际贸易吗？显然，绝对优势理论并不能回答，这一理论也就不能作为国际贸易的普遍规律。

第三节 比较优势理论

比较优势理论产生于19世纪，代表人物为英国经济学家大卫·李嘉图。他在《政治经济学及赋税原理》一书中指出，产生国际贸易的原因是各国生产技术的相对差别及相对成本优势，从而在修正绝对优势理论错误的同时，将针对国际贸易基本原理的研究推向一个新的高度。

一、比较优势理论的内涵

所谓比较优势（Comparative Advantage），是指在国际贸易中，劳动生产率既存在着国家间的差异，也存在着国内商品间的差异。在没有绝对优势的情况下，每个国家仍然可以按照"两利相权取其重，两弊相权取其轻"的原则，专注于生产和出口在本国国内拥有相对较高劳动生产率的商品，从而在国际竞争当中发挥出比较优势。比较优势理论大大提高了国际分工与劳动生产率对于国际贸易的解释力，较为清晰地阐述了国际贸易的动因与基础，因而也被视为对绝对优势理论的一次重大创新。

大卫·李嘉图的比较优势理论其实是在亚当·斯密的绝对成本理论的基础上发展而来的。按照绝对优势理论，世界各国必须按照禀赋情况进行国际分工，一国的所有出口商品都要是绝对优势商品，而进口商品全部是绝对劣势商品。很显然，这样的观点是片面的，大卫·李嘉图意识到了这一点并重新进行了表述，即各个国家只需生产那些利益相对较大、风险相对较小的商品即可获益，从而扩大了国际分工的范围、提高了国际贸易的可行性。

回顾历史，比较优势理论其实是19世纪英国资产阶级为争取自由贸易政策而进行的理论探索。1815—1846年，英国政府为了保护地主阶级的经济利益，颁布并实施了著名的"谷物法"（Corn Laws）。此项法案强行限制谷物进口，导致出现国内农产品价格上涨、工人工资提高及企业利润下滑等不利情况。"谷物法"名为防止外国低廉谷物对国内市场的冲击，实则严重伤害了工业资本家及其企业的经济利益。因此，围绕"谷物法"的存废，英国工业资产阶级同地主阶级展开了斗争，他们迫切需要找到一种支持自由贸易学说的理论依据。大卫·李嘉图的比较优势理论正是在这样的历史背景下提出的，并在这场斗争中成为国际贸易的普遍原理。在他看来，因为英国生产工业品的优势要明显高于生产农产品的优势，所以英国不仅可以大量进口外国农产品，还可以专门进行对工业品的生产。英国完全可以通过工业品出口来弥补农产品进口，这样既提高了总体产量，又获取了国际贸易中的"比较利益"。事实上，当"谷物法"在英国被最终废除时，工业资本代替了农业土地，贸易自由取代了贸易限制，英国资本主义的发展才真正打开了自由贸易的大门。

二、比较优势理论分析

与绝对优势理论类似，按照比较优势理论的分析思路，我们首先做出如下假设：

第一，世界上有两个国家，假设为 A 国和 B 国。

第二，每个国家只生产两种商品，假设为工业品和农产品。

第三，生产投入只需一种要素，假设为充分就业的劳动力，并且各国无差异，没有规模经济。

第四，生产要素在国内行业之间自由流动，但不能跨国流动。

第五，生产的商品可以在国家间自由贸易。

第六，假设国家间的运输成本、时间成本、中间环节费用等为零。

第七，假设生产技术和生产成本不变。

第八，不考虑外汇因素，假设为易货贸易。

第九，没有技术进步、资本积累及经济发展。

三、对比较优势理论的评述

相比于绝对优势理论，比较优势理论的解释力更具普遍性和实践性。这一理论揭示了比较成本这一客观规律，并触碰到了产生国际贸易的真正原因。在比较优势理论的指引下，处于不同经济发展水平的国家都可以参与国际分工并开展国际贸易，自由贸易的众多好处开始得到世界各国的认可和分享。

然而，比较优势理论并不完美，仍然具有历史的片面性。第一，同绝对优势理论类似，比较优势理论也是建立在大量假设的基础之上的，这些假设描绘了一个过于简单、抽象且没有变化的世界，使得一切研究都是静态分析。如果考虑到从短期到长期利益变化、技术创新、知识学习及经验积累等因素，比较优势完全是动态的、变化的。后来的动态比较优势理论就对此进行了补充。第二，比较优势理论虽然解释了国际贸易产生的原因，但并没有阐述国际分工的成因。后来的学者就指出，国际分工与生产关系密切相关。与简单分析成本优势相比，现实中的国际分工要复杂得多、困难得多。第三，比较优势理论对于国际贸易条件的研究显得不足。决定两个国家能否开展国际贸易的临界点到底是什么，大卫·李嘉图等学者并没有说明。甚至有学者发现，比较优势理论还存在着不能解释的特例，例如，"等优势或等劣势贸易模型"（Equal Advantage or Equal Disadvantage Model）。当然，总体而言，比较优势理论作为国际贸易的核心理论是毋庸置疑的。今天，有关比较优势的研究还在继续，新的观点和实践也正在补充和发展这一经典理论。

第四节 保护贸易理论

保护贸易理论即幼稚产业保护理论（Infant Industry Theory），这一理论的产生以19世纪的欧洲工业革命为背景，出发点是保护当时在欧美各国方兴未艾的资本主义新兴产业。所谓幼稚产业，是指那些刚刚兴办，虽然在短期内没有国际竞争力，但从长期看具备发展潜力的产业。保护贸易理论的最早提出者是美国财政部部长亚历山大·汉密尔顿（Alexander Hanmilton），在经过后来的学者弗里德里希·李斯特（Friedrich List）的继续研究后，它成为影响国际贸易的重要政策理论。

一、汉密尔顿的经济思想

美国于1776年独立，那时的美国刚刚经历战争，工农业的发展情况相比于西欧各国还很落后，如何发展经济成为摆在美国政府面前的一道难题。当时的美国有两种选择：第一种是实行自由贸易政策，在国际分工中选择传统的低端产业，继续像独立前的英国殖民地一样向西欧各国出口原材料、农产品；第二种是推行保护贸易政策，在国际分工中培养更优的高端产业，重点保护和发展新兴的工业，从而减轻甚至摆脱对西欧各国工业品的进口依赖。在当时的美国，北方工业资产阶级的生产能力还很薄弱，而南方农业庄园主的产业已积累多年，第一种选择似乎更容易实现。然而，作为美国政府第一届财政部部长的亚历山大·汉密尔顿却提出，美国必须要发展工业生产，并于1791年代表美国工业企业家向美国国会提交了著名的《关于制造业的报告》，从而拉开了美国政府干预国际贸易和保护幼稚产业的政策序幕。

亚历山大·汉密尔顿在对美国的经济、社会、地理及自然情况进行分析之后，得出结论：美国是一个工业基础薄弱、生产技术落后及生产成本较高的缺乏绝对优势的国家，自由贸易理论并不适用于美国。美国一旦实行自由贸易政策，整个国家将会逐渐沦为工业落后的农业国，这不符合美国经济发展的长远战略。亚历山大·汉密尔顿进一步指出，一个国家想要实现工业化并非易事，特别是在工业化的早期阶段，想要营造良好的产业培育环境就必须排除外来的干扰。一国政府完全可以通过限制对外国同类商品的进口，达到封闭国内市场、保护国内幼稚产业的目的。

对于制造业，亚历山大·汉密尔顿也做出了阐述。在他看来，制造业是国民经济的重要产业，尽管当时美国的制造业还很弱小，但发展的前景十分美好。例如，发展制造业可以带动生产设备与工业技术的进步，这又会加速专业化分工并大幅提高劳动生产率；发展制造业需要消耗大量的原材料与中间产品，从而带动全产业链的形成与扩展；发展制造业还可以扩大就业人口的总体规模，这为美国进一步吸引移民、建设城镇带来了好处；发展制造业还能够促进农业等其他行业的发展，使美国社会和个人都能从中获益。亚历山大·汉密尔顿将一个不但政治独立，而且经济独立的未来美国描绘了出来，并具体提出了实现这一愿景的"保护幼稚产业"政策措施，为美国经济的后来居上奠定了政策理论基础。

亚历山大·汉密尔顿在给美国国会的报告中提出了一系列的保护贸易措施，主要包括：第一，开征保护关税，利用关税措施抵消国外商品的价格优势；第二，对重要工业原材料进行贸易管制，限制出口并鼓励进口；第三，对机器设备，尤其是先进设备进行贸易进行管制；第四，向工商企业提供政府贷款，促进商业的快速发展；第五，政府通过津贴、奖金等手段来刺激工业必需品的生产；第六，设立专门的商品检查制度和机构，保证工业产品的质量。就总体思路而言，其政策主张的核心是强化政府干预。虽然这些措施并未被美国国会全部批准，但美国却从中获益匪浅，亚历山大·汉密尔顿的经济思想更是对后来的世界经贸发展产生了深远的影响。亚历山大·汉密尔顿是幼稚产业保护思想的早期提出者，他的思想是继重商主义之后的又一个和自由贸易理论相对立的理论思想，既印证了当时的西欧工业强国因在世界范围内推行自由贸易政策而遇到的阻力，又反映了一些经济发展相对落后的国家对于发展本国产业或民族工业的要求和愿望。可以说，这一思想代表了国际贸易理论发展的两面性、矛盾性。然而，亚历山大·汉密尔顿的保护贸易学说主要体现在其递交给国会的报告之中，其理论基础较为薄弱、逻辑体系亦不够完善，尚且存在着一定的不足。后来，诸如弗里德里希·李斯特等学者通过继续研究，补充并完善了这一经济理论，逐渐形成了更为完整和系统的幼稚产业保护理论。

二、弗里德里希·李斯特的系统阐述

在亚历山大·汉密尔顿提出贸易保护思想近50年后，德国经济学家弗里德里希·李斯特在他的著作《政治经济学的国民体系》一书中进一步对幼稚产业保护理论进行了系统阐述，并提出了更多、更具体的政策措施。纵观弗里德里希·李斯特的人生经历及其学术生涯，可谓波澜起伏、大器晚成，特别是当他旅居美国之后，所见所闻令他有所反思。在他从赞成自由贸易向主张保护贸易的转变过程中，亚历山大·汉密尔顿的经济思想对他的影响很大。类似美国、德国这样的大量出口工业原材料并进口工业制成品的国家，如何才能找到一条自主工业化的快速道路？保护幼稚产业成为当时唯一的可行路径。

（一）经济发展阶段学说

弗里德里希·李斯特在系统阐述幼稚产业保护理论之前，提出了"经济发展阶段学说",认为一个国家的贸易制度一定要和国家的发展阶段相适应。具体而言,一个国家在经济社会发展的第一阶段,应当实行自由贸易政策,从而在国际贸易中向先进国家学习生产技术和管理手段,重点发展农业;在经济社会发展的第二阶段,应当实行商业限制等保护贸易政策,保护并培育新兴产业,重点发展制造业、运输业和国际贸易等;在经济社会发展的第三阶段,再次实行自由贸易政策,将已经成熟的工农业商品推向世界市场,凭借对财富与资本的积累在国际竞争中赢得有利地位,使得各个行业全面发展。结合当时的世界状况,弗里德里希·李斯特指出,西班牙和葡萄牙处于第一阶段,德国和美国处于第二阶段,而英国已经处于第三阶段。除了三阶段论,李斯特还提出过五阶段论,即原始未开化时期、畜牧时期、农业时期、农工业时期和农工商时期五个阶段。类似地,自由贸易政策只适用于前面的初级阶段和最后的最高阶段,因为在这些阶段,国际竞争对国内经济的危害不大。而在中间的农工业时期,国家正处于经济加速发展与转型的关键时期,此时利用保护贸易政策来防御国际竞争的效果最佳,对于各项幼稚产业培育的促进作用也最为明显。一个国家应当根据自身经济发展的状况来合理选择自由贸易政策和保护贸易政策的适用范围,从而使国家的干预能够最有利于经济社会的全面发展。可以说,经济发展阶段学说清晰地解释了保护贸易政策的作用过程,进一步奠定了幼稚产业保护理论的思想基础。

(二)保护贸易政策具有灵活性

弗里德里希·李斯特的保护贸易政策并非无条件的绝对保护,在他看来,政策只是国家管理经济的一种手段而绝非最终目的。弗里德里希·李斯特并不否认比较优势理论的普遍性和正确性,他在承认一国能够在国际分工和自由贸易中获利的同时,对贸易所涉及的产业或商品进一步加以区分。有的产业适用自由贸易政策,比如一般的农业、工业,需要自由地进口重要原材料和机器设备;而有的产业却不行,比如纺织业等关系国计民生的工业产业和新兴产业。另外,关于保护贸易政策的时间,弗里德里希·李斯特也作出了规定,最佳的情况是当国内产业具备国际竞争力了,即国内商品的出口价格低于或等于同类商品的进口价格时,保护政策即可终止。最坏的情况是国内产业的发展在保护政策下仍然长期停滞,则可放弃保护,保护政策也可终止。他还进一步指出,贸易保护政策是一把双刃剑,运用得好可以发展产业,运用得不好则会破坏产业。例如,保护性关税措施,如果长期实行而不调整,不但限制了国内外企业的相互学习与竞争,更会滋生企业在技术改良、扩大生产及营销创新等方面的发展惰性。

(三)主张国家管理经济并发展生产力

在比较优势理论中,自由贸易使得各个国家专注于生产与出口具有禀赋优势的商品,同时大量进口价格相对更低的外国商品。在弗里德里希·李斯特看来,这种机械而静态的分析模式并不正确,因为它对国际贸易和国际分工原因的描述是天生的和被动的。弗里德里希·李斯特进一步指出,一个国家生产财富的能力远比财富本身要重要。具体而言,一个国家工业生产力的强弱代表了这个国家综合国力的强弱,是这个国家经济崛起的关键动力。从短期来看,进口外国廉价商品似乎有利可图,在其背后却是对国内相关产业的忽视和放弃。从长期来看,保护幼稚产业表面上维护了商品的高成本、高价格,但是对新增生产力的形成和发展却有着重要作用。因此,发展生产力应被视为一个国家的战略目标。与此同时,一国政府在发展生产力的过程中也扮演了重要角色,因为政府是特殊的保护贸易政策的制定者和执行者。弗里德里希·李斯特赞同国家对于经济贸易的主观干预,认为好的政策不仅能使个人和企业增加利益,更能使社会整体利益有所增加,从而将宏观层面的国家发展与微观层面的个人发展更加合理地联系了起来。后来的实践也证明,国家管理经济并发展生产力的做法对于落后国家的工业化发展十分有效。

弗里德里希·李斯特也提出了一系列保护幼稚产业的具体政策措施,主要包括:第一,确定保护贸易政策的适用对象和保护目的,如哪些产业是本国的幼稚产业、保护政策的实施步骤及对国内竞争的影响等;第二,选择保护贸易政策的具体手段,如关税措施如何应用等;第三,区分保护贸易政策的实施程度,例如,对贸易产品按照不同类型进行不同程度的管理等。总之,这一政策理论体系的形成,标志着保护贸易理论的完整确立。从历史的角度来看,这些政策措施的出现不仅代表了国际贸易在理论层面的再次发展,在实践层面更反映了像德国、美国这样的工业落后国家力图追赶英国等工业强国的愿望与行动。

三、对保护贸易理论的简单评述

从亚历山大·汉密尔顿到弗里德里希·李斯特,贸易保护理论完成了从提出到系统化的发展过程,并在整个国际贸易理论的发展史上确立了具有里程碑意义的重要地位。一个国家的经济发展不仅具有阶段性,而且具有潜在性,保护幼稚产业的实质就是保护并发展尚且弱小的生产力。一国政府完全可以通过贸易保护政策有目标、有条件、有计划、有办法地逐渐改变自身的经济发展阶段,并最终在国际分工中发挥后发优势。纵观世界经济的发展史,德国和美国正是通过实行保护贸易政策成功超越了英国,相继进入具备发达工业实力的资本主义强国行列。在进入20世纪之后,又有大量发展中国家继续推行幼稚产业保护政策,并纷纷取得了经济发展、产业进步和社会繁荣的良好成就。可以说,保护贸易理论对国际贸易和各国经济的发展是有历史贡献的。当然,亦有学者在后续研究中指出了保护贸易理论的种种缺陷,如效率问题、反作用问题等。最为特殊的一种情况是,如果实行保护贸易政策的结果导致了幼稚产业的发展停滞甚至倒退，那产生问题的原因究竟是对幼稚产业的认定不恰当，还是制定与执行政策出现了问题，这一理论并不能自圆其说。换言之，一项产业获取国际竞争力的来源究竟是什么？是不是所有幼稚产业都可以通过一段时间的"暂时性"保护而成长起来，贸易保护理论并没有回答。因此，对于保护贸易理论的理解与应用，各个国家还是要根据自身情况来综合考虑，保护贸易政策的作用仍然是有限的。

第五节　要素禀赋理论

要素禀赋理论（Factor Proportion Theory）又被称为赫克歇尔-俄林理论（Heckscher-Ohlin Theory），是一种关于要素禀赋差异的国际贸易解释理论。这一理论由瑞典经济学家赫克歇尔于1919年首创，之后由其学生俄林于1933年在著作《地区间贸易与国际贸易》中进一步完善。到二十世纪四五十年代，美国经济学家萨缪尔森又通过提出要素价格均等化定理等研究进一步发展了这一理论，使其更加完善和具有说服力。在他们看来，一国的生产要素禀赋决定了该国参与国际贸易竞争的比较优势，即生产商品的资本、土地及劳动力等要素的差异与配置才是引起国际贸易的主要原因。两个国家之间只要存在生产要素差异或产品价格差异，国际贸易就会产生并发展，直至这种差异彻底消失为止。按照这一理论逻辑，各个国家应该首先分析自身的要素禀赋特征，而后在国际贸易中主要出口那些由本国相对充裕的生产要素所生产的商品，进口那些由本国相对稀缺的生产要素所生产的商品。这一策略所带来的好处会一直持续到各国生产要素的价格差异趋于均等之时。由于重新阐述了国际贸易理论的格局、条件及利益问题，发展了古典国际贸易理论的假设前提与分析方法，因而要素禀赋理论也被称为新古典国际贸易理论。

一、要素禀赋理论的内容

要素禀赋理论由要素比例学说和要素价格均等化理论两个部分组成。前者立足于对价格体系的理论分析，以生产要素的丰裕程度来解释国际贸易的原因和类型。后者则着眼于数学推导，探讨了国际贸易对于要素价格的反作用，认为国际贸易必将促使各国生产要素的价格和进出口商品的价格趋于均等化。

要素禀赋理论指出，生产要素是影响国际贸易的重要因素。从经济学的角度定义，生产要素是指在各项生产活动当中必须投入或使用的资源因素。常见的生产要素包括劳动力、土地、资本、技术、信息及人的管理才能等。同时，生产要素还具有价值性、流动性及周期性等特征。要素价格是生产要素在社会生产经营活动中的货币价值表现，如劳动力的价格是工资、土地的使用费用是租金、资本的回报是利息、管理的收益是利润等。国际贸易实质上是各国生产要素及其价格体系的一种互动表现，货物的跨国流动促进了生产要素的国际流动，而贸易的最终结果是使世界范围内的资源配置达到最优化。

生产要素对于国际贸易的作用主要体现为两个方面：一方面是要素禀赋，另一方面是要素比例。

在要素禀赋方面，一个国家各类生产要素的数量不尽相同，有的国家丰富，有的国家匮乏。于是，人们就用要素丰裕度这一概念来衡量一个国家某种生产要素的多与少。要素禀赋是否丰裕，又有两种衡量方法：一种是总量衡量法，即某一生产要素在一个国家的供给比例越高，则越丰裕；另一种则是价格衡量法，即某一生产要素在一个国家的相对价格越低，则越丰富。一般认为，总量衡量法只考虑了供给因素，因而比较简单，而价格衡量法涉及了供给与需求两个角度，因而更为合理。实践也表明，一个国家的产业状况与其要素禀赋密切相关，要素禀赋还进一步决定了一个国家对外贸易的主要模式。例如，英国、法国等西欧工业发达国家往往凭借其丰裕的资本要素生产和出口工业品，这些国家的制造业占比很高；而印度尼西亚、泰国等东南亚国家常常依托其丰裕的资源要素生产和出口工业原材料，这些国家的初级产业占比较高。要素禀赋概念既符合比较优势理论的观点，又进一步加强了对现实问题的解释力，因而更趋成熟。

要素比例，这一比例也被称为要素密集度，是指在生产某种产品时所投入的各类生产要素的比例大小。对于一种生产要素而言，此项比例越大则密集度越高，反之越低。由此可将国际贸易的产业或商品划分为劳动密集型、土地密集型、资本密集型、技术密集型及资源密集型等不同类型。例如，纺织业所需的劳动力数量较多，属于劳动密集型产业；农业生产需要大面积的耕地，属于土地密集型产业；航空业需要购进大量价格昂贵的飞机，属于资本密集型产业；智能机器人产业需要大量先进技术和创新知识，属于技术密集型产业；而原油、天然气及矿产开采业依托于自然资源，属于资源密集型产业。需要注意的是，要素密集度只是一个暂时的相对概念，随着生产技术的进步、管理理念的更新和劳动力素质的提升，不同密集度类型的产业及其产品会相互转变。这种现象的背后伴随着生产要素价格的不断变化。

俄林等学者进一步指出，国际分工与国际贸易必然导致生产要素价格的国差异逐渐缩小并最终均等。在开放经济环境中，生产要素的跨国流动会导致其价格的直接均等化，同时，国际贸易中的商品交换也会引起生产要素价格的间接均等化。由萨缪尔森提出的价格均等化定理更是对此观点进行了严谨的数学推导。简单来说，在进行国际贸易之前，两国商品的比较成本优势来自本国要素禀赋的差异，即某一生产要素越丰裕，则密集使用该要素所生产的产品价格越低廉。在开展国际贸易之后，随着本国低价产品的大量出口和外国低价产品的大量进口，出口行业中密集使用的低价生产要素的报酬会逐渐提高，而进口行业中密集使用的高价生产要素的报酬会逐渐降低，从而在一段时间后，各国之间的生产要素价格达到均等。

要素禀赋理论得出一个结论：一个国家开展国际贸易的最佳选择是生产和出口那些密集使用本国丰裕要素的商品，因为这类商品的价格更低、优势更大；同时，进口那些密集使用本国稀缺要素的商品，因为这类商品的国内价格较高、处于劣势。国际贸易其实就是各国在依托各自的禀赋优势进行国际分工后所进行的廉价商品的交换过程。

二、里昂惕夫之谜

在第二次世界大战结束后，世界经济与贸易形势发生了很大变化。在科技进步和经济全球化的背景下，世界各国之间的国际贸易与国际投资飞速增长，大量新现象、新问题不断出现，以要素禀赋理论为代表的传统国际贸易理论的解释力不断受到挑战，现代国际贸易理论研究由此进入了一个全新的阶段。

里昂惕夫之谜也被称为里昂惕夫悖论，是美国经济学家里昂惕夫提出的一项理论。1953年里昂惕夫在费城的美国哲学协会上宣读了他的论文《国内生产与对外贸易：美国资本状况的重新检验》，从而拉开了围绕比较优势理论与要素禀赋理论的激烈讨论。众所周知，按照要素禀赋理论，当时的美国工业基础扎实、商业资本雄厚，理应在国际分工中占据高端位置。在国际贸易中，美国应当发挥比较优势，出口资本密集型商品，同时进口劳动密集型商品。然而，里昂惕夫在选取1947年美国的200个行业资料进行研究后，以充分的调查研究数据为支撑，得出一个惊人的结论：美国在国际贸易中大量出口的是劳动密集型商品，而大量进口的是资本密集型商品。这一违背要素禀赋理论的事实就被称为里昂惕夫之谜，并被视为现代国际贸易理论研究的重要转折点。

那么，美国为什么会出口大量使用国内稀缺要素的商品而进口大量使用国内丰裕要素的商品呢？里昂惕夫后来也做出了解释。事实上，这一悖论并没有违背要素禀赋理论，只是在对生产要素丰裕或稀缺的判断上出现了问题。在里昂惕夫看来，由于美国劳动力的生产效率比其他国家要高很多，所以在衡量美国的劳动力要素时，不仅要考虑数量因素，还要结合质量因素。这样一来，美国就成了一个劳动力资源丰富、资本相对稀缺的国家，进出口商品的要素密集度差异就并不矛盾了。这一解释即后来的劳动熟练说。除此之外，其他学者也对里昂惕夫之谜做出了不同解释，最具代表性的有自然资源说、贸易壁垒说、人力资本说、技术差距说、产品周期说、需求偏好相似说及产业内贸易说等。

总之，里昂惕夫之谜是对要素禀赋理论的一次大挑战。除了悖论本身的理论价值之外，围绕解答这一"谜题"而引发的一系列理论研究更是有力地推动了现代国际贸易与国际分工理论的大发展。也是从里昂惕夫开始，经济理论、数学方法和统计工具相结合的研究模式逐渐兴起，经济学研究走向了真正意义上的理论与实际相结合。后续研究也进一步弥补了传统贸易理论的不足，为我们今天更好地理解要素禀赋理论提供了帮助。

三、对要素禀赋理论的简单评述

赫克歇尔、俄林的要素禀赋理论和萨缪尔森的要素价格均等化学说是继国际贸易比较优势理论之后的又一次进步，被视为现代国际贸易理论的基础和开端。要素禀赋理论从进出口商品的价格差异深入到了生产要素的价格差异，从而进一步论证了国际贸易产生的原因是不同国家之间要素禀赋的差异。要素禀赋理论从生产要素的数量与种类扩展到了生产要素的丰裕程度，从而进一步揭示了开展国际贸易的条件是商品价格比例中的比较优势。要素禀赋理论从生产要素的国际流动联想到外贸商品的国际流动，从而进一步阐明了国际贸易的重要作用是实现对世界资源的有效配置。可以说，要素禀赋理论在继承古典贸易理论的同时，发展并创新了相应观点，使其成为一种理论性与实用性都更强的国际贸易理论。

当然，任何理论都有一定局限性，要素禀赋理论也不例外。其一，对于生产要素的观点存在问题。以马克思为代表的政治经济学反驳了要素禀赋理论中关于劳动、资本和土地的要素组合观点，认为只有劳动者的劳动才是创造价值的唯一来源。由于要素禀赋研究的结论忽视了劳动收入和财产收入的根本区别，因而被视为一种掩盖了资本家和地主对劳动者进行剥削的资产阶级贸易理论。其二，对于科学技术的作用不够重视。自17世纪以来，科学技术呈现出了加速发展的趋势，国际贸易与国际分工深受科技进步的影响，以至于世界经济与贸易格局每隔数十年就有一次较大的调整。而要素禀赋理论依然采用静态的分析方法，从而忽视了各国要素禀赋的动态变化，这必然导致其解释力的逐渐下降和"里昂惕夫之谜"的不断出现。其三，要素价格均等化理论难以真正实现。国际贸易的具体情况表明，贸易商品的价格成因非常复杂，类似贸易壁垒、技术条件及各国的其他贸易政策等因素都有可能影响贸易商品的价格，因而所谓的商品价格和要素价格的最终均等化是很难实现的。这一观点因过于理想化而并不完全符合国际贸易的情况。

第三章 国际贸易交易程序的发展

第一节 交易前的准备

交易前的准备主要是指买卖双方在交易合同签订之前进行的一系列准备活动的总称。在进出口贸易的各种工作环节中，交易前的准备是一项最基础的前期工作。不论是出口贸易还是进口贸易，准备工作是否充分细致，将直接影响到国际贸易的进程和国际贸易的效益。

一、出口交易前的准备工作

出口交易涉及方方面面，在进行出口交易的磋商之前，需要进行必要的准备工作。由于交易商品、交易时间以及交易方式等的不同，决定了不同的出口交易有不同的准备工作，但通常，出口交易前的准备工作主要有以下几个方面。

（一）国际市场的调研

出口商必须进行深入的市场调研，广泛收集国外市场资料，了解特定市场上消费者的消费水平与消费习惯，摸清特定商品在该市场是否适销，是否存在同类产品的竞争，同类产品是否具有竞争优势以及价格变动趋势等问题。此外，还要对市场所在地的进口管制、外汇管制及海关制度等情况做认真分析，这样才有可能选择一个较为适当的销售市场。

对国际市场的调研，主要包括以下几个方面。

1. 国别（地区）调研

这是对某一个国家（地区）的一般情况做广泛了解，尤其要对同贸易有关的情况做重点调查研究，目的是选择适宜的市场，并在交易磋商中更好地贯彻对外方针政策，为我国对外贸易的发展创造有利条件。国别（地区）调研一般包括以下方面：

政治情况。包括政治制度、对外政策、政党活动、对我国的态度等等。

经济情况。包括财政政策、货币政策、失业情况、自然资源等等。

文化情况。包括风俗习惯、商业习惯、消费习惯等。

对外贸易情况。包括进出口商品结构、数量、金额、贸易对象、外汇管制、关税和商检情况以及与我国的贸易关系等。

2. 商品市场调研

商品市场调研主要是调研相关商品在国际市场的生产、销售、价格等情况，以便掌握出口商品的价格及其他的交易条件。同时，要摸清市场对不同产品的适销情况，研究市场畅销品种，积极主动地适应市场需要，扩大我们的出口。

调研的目标是要明确5个"W"，即向哪里卖（Where）、何时卖（When）、怎么卖（How）、卖给谁（Who）以及以什么价格卖（Which Price）。

向哪里卖。在国别（地区）调研的基础上要确定好销售地区。首先，要了解地区的容纳量，如该地区每年进口多少，出口多少。其次，要了解该地区产业结构及其调整趋势，如贸易产品是否已从劳动密集型商品向技术密集型商品转变。

何时卖。出口商品要考虑商品的季节性，包括天然季节和人为季节。天然季节，如商品的上市时间等，很大程度上是受自然条件影响的。人为季节，如中秋节、圣诞节等，节日里有些特定的商品格外畅销。一般地说，商品出口时机的把握应力求在价格上涨至相对高位时。

怎么卖。这实际上是指用什么销售方法进行销售。销售方法有很多，可以是通过经销商、代理商或者直接销售；可以是整批出口也可以是分批出口；可以是易货贸易也可以是现汇交易。出口之前在考虑销售方法问题上，出口商要综合考虑各种因素，特别要重视利用国外一些现有的渠道来扩大销售量。

卖给谁。这是消费对象问题。在当今国际竞争日益激烈的情况下，卖方对自己消费对象的定位直接影响其在市场上的地位。一般地，中小企业要找准市场空隙才能赢得企业的发展。即使是实力雄厚的企业，对消费的适用对象问题也要有清醒的分析和合理的定位。

以什么价格卖。商品市场的种种变化都会通过价格的波动表现出来。出口商只有对影响价格的各种因素进行研究，区别主次，才能正确判断当前的价格水平和发展趋势，从而定出最合适的价格。影响价格的因素包括价值变动、投机性活动、国家的政策因素等。

3. 市场供求调研

国际商品市场的供求关系是经常变化的，影响供求关系变动的因素很多，如生产周期、产品销售周期、消费习惯、消费水平、质量要求，应该结合我国市场对商品的供需，选择适宜的市场，获取供给信息、需求信息和价格信息。

（二）选择交易对象

客户即出口交易对象。广泛地同客户建立贸易关系，正确选择国外客户，对发展业务、扩大出口有很大作用。

1. 对客户进行调查研究

选择交易对象时，出口商应通过与客户的直接接触，或通过政府机构、银行、商会、咨询公司等多种渠道全面了解客户的政治背景、政治态度、资信状况及其经营范围、经营能力、经营作风、商业信誉，从而选择政治上友好、资信状况良好、经营能力较强的客户作为交易对象。

对客户调研的具体内容主要有以下方面：

资金。客户有多少注册资本，其资产和历年的增资情况。

信用。通过各种手段掌握客户的商业信用程度，看其是否诚实可靠。

活动能力。看客户与银行、同行之间的关系及其在市场上的地位。

企业设立年代。一般地，设立年代比较久的客户，其基础比较稳固。

经营业务。包括对其所经营的品种、业务地区、业务性质等。

客户的政治背景。主要调查其组织机构和主要负责人的政治态度。

2. 建立广泛的客户群

正确选择和利用客户，建立客户档案，对不同类型的客户进行分类，并与之建立稳定的贸易关系，同时还要注意不断扩大客户的数量，以避免对少数客户的过分依赖。争取在国际市场上建立一个广泛、稳定的客户群。与国外客户建立关系的途径主要有：由我驻外商务机构或出口小组介绍；由原来老客户介绍；以国外出版的行业名录、进出口手册等为线索和客户联系；客户主动前来联系等。

（三）做好出口商品的广告宣传

通过广告向国外客户及消费者介绍我国的出口商品，使之了解商品的性能、特点，以便销售和扩大出口数量，提高售价。

出口商可以通过委托国外的代理人或广告商，或通过广播、电视、报刊等大众传播媒介，或通过举办展览、印发宣传品等各种方式，将产品的用途及突出特点介绍给特定市场上的消费者，力求加深消费者对商品的印象。

在进行出口商品广告的宣传工作时，应注意以下一些原则：

体现我国对外贸易的方针政策，宣传内容实事求是，严肃认真。

宣传工作应有针对性，应配合业务需要，有计划、有步骤、有目标、有重点地进行。

广告设计要从商品、市场和消费对象的实际情况出发，拟宣传的商品要性能可靠、质量稳定、供应正常。

广告登载之后要及时检查、研究，注意反应与效果。

（四）制订出口经营方案

出口商品经营方案是根据国家的方针政策和计划任务，对某种或某类商品在一定时期内出口推销的设想、做法和具体安排,是对外洽商交易的依据。其主要内容包括国内货源情况;国外市场情况;过去经营情况;对其他国家和地区出口计划的初步安排;对客户、贸易方式、运输方式、收汇方式的选择;对价格与佣金的掌握以及对出口经济效益的核算。

另外应注意,对大宗或重点推销的商品,通常要逐个制定经营方案,对一般商品则按大类制定经营方案,对一些中小商品或成交额不大的商品,仅需制定简单的价格方案,偏重成本核算和出口价格的掌握。不论商品经营方案或价格方案,都需定期或不定期根据实践的客观情况的变化进行检查总结和修改,即使根据计划和经营方案与生产、供货部门落实生产或收购货源,其中包括品种、花色、原辅料、加工整理、包装装潢、交货时间、调运、保管等方面的安排。

二、进口交易前的准备工作

与出口交易一样,进口交易前的准备工作也同样很重要。准备工作做得好坏,直接关系到交易能否顺利进行以及能否确保有关当事人的经济利益。

(一)选择采购市场与供货商

选择采购市场时,应比较不同国家和地区生产技术与工艺的先进程度及产品的性能,以便选择购买适合我国需要、价格合理的商品。选择供货商也适用选择出口交易对象的原则。同时应特别注意对方所提供的商品是否先进、适用,交易条件是否对我方有利,从众多的供货人中选择最理想的供货对象。

(二)进行进口商品的审批

我国对有的进口商品,采用凭进口许可证进口的办法。海关凭进口货物许可证查验放行。对进口商品实施许可证制度是国家管理进口贸易的一种重要管制手段。国家通过签发许可证以控制进口商品的种类、数量、价格以及供货的国家(地区)。

国务院规定统一管理的进口商品和国际市场上竞争性强的商品,及中央各部门进口的许可证商品,由商务部发证(或授权商务部各特派员办事处发证),其余授权省级经贸厅(委局)发证。对国家规定必须申领进口许可证的商品,进口单位必须在向外订货前填制进口许可证的申请表,连同应提交的有效文件,向发证部门申领进口许可证。实行许可证管理的进口货物的品种,由商务部根据国家规定统一公布、调整。

(三)审查进口订货卡片

通常,在进口商品审批通过之后,用货单位应填写进口订货卡片,其主要内容包括商品名称、品质、规格、数量、包装、估计单价与金额、要求到货时间、外汇来源等内容。外贸企业收到用货单位交来的订货卡片后,要审查其内容是否完整、进口商品是否符合国家政策规定、外汇及所需人民币是否已落实等,若审查合格,便开始对外采购工作。

(四)制订进口商品经营方案

进口商品经营方案是为了完成进口任务而确定的各项具体安排,是外贸企业对外采购商品的主要依据。凡涉及大宗或重要商品的进口,一般都要在交易前制定进口经营方案,对订货数量、交货时间、采购市场、供货商、贸易方式做出适当安排,对价格及其他交易条件做出初步规定,并对进口经济效益进行核算。对中小商品的进口,一般只制定一个比较简单的价格方案。

第二节 合同的磋商和签订

交易磋商又称合同磋商,是指买卖双方就买卖某种货物的各项交易条件进行洽商,以求最后达成协议、签订合同的过程。一旦交易双方通过磋商对各项交易条件达成一致意见,合同即告成立,对双方都具有约束力。因此,交易磋商直接关系到交易双方能否顺利履行合同,关系到双方的经济效益,是进出口业务中最重要的环节。

一、交易磋商的一般程序

交易磋商的内容,以货物的品质、数量、包装、价格、交货和支付条件为主要内容,但通常也涉及检验、索赔、不可抗力和仲裁条件等其他内容。之所以说货物的品质等前六项为主要内容或主要交易条件,是由于买卖双方欲达成交易、订立合同,必须至少就这六项交易条件进行磋商并取得一致意见,因为这六项条件是成立买卖合同所不可缺少的交易条件。至于其他交易条件,特别是检验、索赔、不可抗力和仲裁,虽非成立合同所不可缺少的内容,但是为了提高合同质量,防止和减少争议的发生以及便于解决可能发生的争议,买卖双方在交易磋商时也不容忽视。我国进出口公司在同国外客户建立贸易联系时,为了简化交易磋商的内容,加速进程,通常先将印有"一般交易条件"的合同格式递交对方,经双方协商同意后,这些条件就成为今后双方进行交易的共同基础,双方均受此项"一般交易条件的约束",这对于缩短谈判时间和节约函电费用都是有利的。合同的一般交易条件通常包括:索赔、仲裁、不可抗力等条款,有的还包括商品检验、品质数量公差、保险、货运单据种类和份数以及开证注意事项等内容。

交易磋商的环节一般可以经过询盘、发盘、还盘和接受四个环节,其中发盘和接受是不可缺少的环节，是达成交易的决定性环节。因为《公约》和我国《合同法》均规定发盘和接受是合同有效的必要步骤。

（一）询盘

询盘又称询价，是指买方为了购买或卖方为了销售货物而向对方提出有关交易条件的探询。其内容可以是只询问价格，也可以是询问其他一项或几项交易条件，以致要求对方向自己作出发盘。一般买方向卖方作询盘的情况比较多。

买方询盘又称"邀请发盘"。

询盘对询盘人和被询盘人均无法律上的约束力，而且不是交易磋商的必经步骤。但它往往是交易的起点，所以作为被询盘的一方，应对接到的询盘给予重视，并作及时和适当的处理。询盘时一般不直接用询盘的术语，而通用下列词句："请告""请电告""对……有兴趣，请""请报价""请发盘"等。询盘还可以提出内容不肯定或附有保留条件的建议，如提出价格时使用参考价或价格倾向，再如，"以我方最后确认为准"或"有权先售"等。

（二）发盘

1. 发盘的含义

发盘又称发价、报盘、报价。法律上称为"要约"，是买卖双方中的一方——发盘人向对方——受盘人提出各项交易条件，并且愿意按照这些条件与受盘人达成交易，成立合同的一种肯定的表示。发盘可以由卖方提出，也可由买方提出。由卖方向买方发盘称为售货发盘，由买方向卖方发盘称为购货发盘又称递盘。在实际业务中，通常发盘是一方在收到对方的询盘之后提出的，但也可不经对方询盘而径向对方发盘。

发盘经受盘人有效接受，合同即告成立，当事人之间就产生了具有法律约束力的合同。因此不论是卖方或买方，在其发盘为对方有效接受后，如发现所报价格对他不利或其他交易条件难以实现等情况，都不得拒绝按对方所接受的发盘条件履行其责任的义务，否则就构成违约。

发盘一般采用下列术语和语句:发盘、发实盘、报价、供应、可供应、定购、订货、可订、递盘、递实盘。

2. 构成发盘的条件

构成一项法律上的有效发盘必须具备以下四个条件：

发盘应向一个或一个以上特定的人提出。发盘必须向一个或一个以上特定的人做出。所谓"特定的人"，是指在发盘中指明个人姓名或企业名称的受盘人。不指定受盘人的，原则上不能看成是发盘，而只是一项发盘的邀请。如出口商在报纸上或刊物上登载广告，或向国外客户广泛寄送样品、目录、价目单，只是吸引对方提出订货，所以不构成对寄发人的约束。但是，如果出口人在做出上述行为时，明确表示"在得到接受时承受约束"的意旨，那么，他在商品目录、价目表或广告中所提出的建议，将被视作"发盘"。例如，在报上刊登出售某种商品的广告时，说明"在××××年××月××日前按所列价格汇到价款，保证供货"，该广告的刊登者就必须对任何按期汇到价款的人，履行供货的义务。

发盘内容必须十分确定。所谓发盘内容的确定，是指发盘的条件是完整的、明确的和终局的。《联合国国际货物销售合同公约》（以下简称《公约》）第十四条规定："一个建议如果写明货物并且明示或暗示地规定数量和价格或规定如何确定数量和价格，即为十分确定。"按此规定，一项订约建议只要列明货物、数量和价格三项条件，即可被认为其内容"十分确定"，而构成一项有效的发盘。如该发盘为受盘人所接受，即可成立合同。

在实际业务中，一项发盘往往不是以上述所有主要交易条件完整形式出现的，由于发盘中在表面上所缺少的某些主要交易条件，在一定情况下可以从其他方面予以确定。至于所缺少的其他内容，如货物的包装、交货和支付条件，可在合同成立后，按双方之间已确立的习惯做法、惯例或按《公约》第三部分有关买卖双方义务的规定，予以补充。发盘的主要交易条件表面上不完整而实际上是完整的，有以下的背景情况：第一，买卖双方事先订有"一般交易条件"的协议：如在"一般交易条件"中已订明"支付方式：凭不可撤销即期信用证"，除了拟作改动者外，就可在发盘中不列明上述支付条件。第二，援引来往函电及先前合同：在交易磋商中，发盘人在发盘时往往援引双方过去的做法，虽然在法律上是可行的，但是在实际业务中则往往是不可取的。

交易条件应是明确的，即不能有含糊、模棱两可的词句，如"参考价"、指示性价格或对交货期规定为"大约9月份"等。

发盘应表明订约的意旨。按照现行法律和《公约》，一方当事人是否向对方表明在发盘被接受时承受约束的意旨，是判别一项发盘的基本标准。所谓"承受约束"，是指发盘人于得到接受时承担与受盘人按发盘条件订立合同的责任。如果发盘只是订立合同的建议，根本没有"承受约束"的意思，就不能被认为是一项发盘。例如，在订约建议中加注"仅供参考""以……确认为准"等保留条件，都不是一项发盘，只是邀请对方发盘。

发盘必须被传达到受盘人。这是《公约》和各国法律普遍的要求："发盘无论是口头的还是书面的，只有被传达到受盘人时才生效。"例如，发盘人通过电话向受盘人发盘，中途电话发生故障，传送声音模糊，必须待电话修复后，让受盘人听清全部发盘内容，该发盘方为有效。又如，发盘人用信件或电报发盘，如该信件或电报因邮电局误递或在传递途中遗失，以致受盘人没有收到，则该发盘无效。如通过电传发盘，传送过程中线路或电传机发生故障，所传送的电文不清，须于修复后重新传送，使受盘人能收到清晰无误的发盘电传文本。

3. 发盘的有效期

在国际货物买卖中，发盘通常会规定有效期。发盘的有效期是指可供受盘人对发盘做出接受的时间或期限。这一含义有两层意思：一是发盘人在发盘有效期内受约束，即如果受盘人在有效期内将接受通知送达发盘人，发盘人承担按发盘条件与之订立合同的责任；另一层意思是指超过有效期，发盘人将不再受约束。因此，发盘的有效期，既是对发盘人的一种限制，也是对发盘人的一种保障。

在实际业务中常见的规定有效期的方法有：

（1）规定最迟接受的期限。发盘人在发盘中明确规定受盘人表示接受的最后期限。这种有效期的规定方法，存在一个问题，即该截止日（15日）是指受盘人在它的所在地发出接受通知的期限，还是接受通知必须送达发盘人的期限，不够明确。

为了明确发盘的截止期，在规定最迟接受的期限时，可同时限定以接受送达发盘人或以发盘人所在地的时间为准。

（2）规定一段接受的期间。发盘人对于发盘明确规定有效期，其期限究竟多长，并无定则。一般来说，发盘有效期的长短取决于商品的种类、市场情况和交易额等因素。《公约》还规定对口头发盘必须立即接受，但情况有别者不在此限。所谓"立即接受"，可理解为：在双方口头磋商时当场有效，收盘人不在磋商当场表示接受，发盘随即失效。对"情况有别者"，则可理解为：发盘人在口头发盘时，明确规定了有效期，如"有效期3天"，则该发盘不在"立即接受"之列。

（3）不明确规定有效期。发盘人在发盘中不明确规定有效期限，有的仅作笼统规定，有的甚至不作任何规定。这种发盘意味着在合理时间内有效。

"合理时间"究竟有多长及如何才算立即答复，各国并没有明确规定或解释。一般说来，"合理时间"要考虑到双方当事人的利益，既不能让发盘人等待太久，又要给受盘人足够的考虑及准备时间，还要适当地考虑到交易的情况及行业惯例和习惯做法。

4. 发盘的生效、撤回和撤销

（1）发盘的生效。《公约》第十五条规定"发盘在送达受盘人时生效"。由此可见，发盘在未送达受盘人之前，如发盘人改变主意或情况发生变化就必然会产生发盘的撤回或撤销。

（2）发盘的撤回。发盘的撤回是指发盘人将尚未被受盘人收到的发盘予以取消的行为。《公约》第十五条第（2）款规定："一项发盘即使是不可撤销的，得予撤回，如果撤回通知于发盘送达被发盘人之前或同时送达受盘人。"这一规定是建立在发盘尚未生效的基础上的。对于一项尚未被收到还未生效的发盘，原定的受盘人无权向发盘人提出任何主张，因为根本不存在法律应予保护的"可期待之物"。可见，"撤回"的实质是阻止发盘生效。

发盘撤回的条件是：撤回通知比发盘先到达受盘人或撤回通知与发盘同时到达受

盘人。在实际业务中，发盘人如果发现发盘中内容有误或市场行情有变，可争取在发盘到达受盘人之前，立即以更快速的通信方式撤回该发盘。如发盘人用电传撤回用信件发出的发盘，当然撤回通知须先于发盘或与发盘同时到达受盘人。

（3）发盘的撤销。发盘的撤销是指发盘人将已经为受盘人收到的发盘予以取消的行为。各国法律对发盘能否被撤销解释不一。英美等国认为，发盘原则上对发盘人没有约束力，在受盘人接受前，发盘人可以撤销发盘，除非受盘人付出"对价"以取得发盘人不得取消发盘的承诺。大陆法国家认为，发盘原则上对发盘人有约束力，德国民法典规定，订有具体有效期的发盘，在有效期内不得撤销，未规定具体有效期的发盘，在合理时间内不得撤销。《公约》对上述不同解释进行了协调，并规定：在未成立合同之前，如果撤销通知于受盘人发出接受通知之前到达受盘人，发盘可以撤销，除非表明为不可撤销的发盘。

此外，《公约》还规定，下列两种情况的发盘，一旦生效，则不得撤销：

（1）发盘中规定了有效期，或以其他方式表示该发盘是不可撤销的。

（2）受盘人有理由相信该发盘是不可撤销的，并已本着该信赖采取了行动。

5. 发盘的终止

发盘的终止是指发盘法律效力的消失。它含有两方面的意义：一是发盘人不再受发盘的约束；二是受盘人失去了接受该发盘的权利。

发盘终止的原因很多，归纳起来，主要有以下几种情况：

（1）在有效期内未被接受而过时。明确规定有效期的发盘，在有效期限内未被受盘人接受，该发盘就终止。未明确规定有效期的发盘，在合理时间内，未被受盘人接受，该发盘也就失效。

（2）备受盘人拒绝。一项发盘，一经受盘人拒绝就失效。拒绝是受盘人不同意发盘条件而对发盘做出不接受的表示。

（3）经受盘人还盘。发盘一经还盘，发盘的效力即告终止。

（4）在被接受前发盘人对发盘进行有效的撤销。

（5）法律的适用。发盘还可因出现了某些特定情况，按有关法律的适用而终止。例如，如发盘人为自然人，在发盘被接受前丧失行为能力（如死亡或精神失常）；如发盘人为法人（如公司），在发盘被接受前，该法人依法宣告破产，并将有关破产的书面通知送达受盘人；特定标的物的毁灭，如一件珍贵的独一无二的、不可替代的艺术品，发盘做出后在火灾中焚毁；发盘中商品被出口国或进口国政府宣布禁止出口或进口。在以上任一情况下，发盘将依据法律而终止。

（三）还盘

还盘又称还价，是受盘人对发盘内容不完全同意而提出修改或变更的表示。还盘实质上是受盘人对发盘拒绝后又做出的一项新的发盘，经还盘后原发盘即失去效力，发盘人不再受其约束，还盘人即为新发盘的发盘人，原发盘人成为新发盘的受盘人。对还盘的还盘实际上也是一种还盘。一方发盘，另一方对其内容不同意，可以进行还盘。同样，一方还盘，另一方对还盘内容不同意，也可以再进行还盘。一笔交易有时不经过还盘，经一方发盘一方接受即可达成。大多数交易在发盘后，要经过还盘、再还盘……有时甚至经过几十次往返，才能做成一笔买卖。

（四）接受

1. 接受的含义

接受在法律上称"承诺"，是买方或卖方同意对方在发盘中提出的各项交易条件，并愿意按这些条件与对方达成交易、订立合同的一种肯定的表示。

一方的发盘经另一方接受，交易即告达成，合同即告订立，双方就应分别履行其所承担的合同义务。接受不得修改或撤销。

在实际业务中，受盘人对发盘表示同意，通常都用"接受"这一术语，也有用"同意"或"确认"等表示。

2. 构成接受的条件

《公约》规定："被发盘人声明或做出其他行为表示同意一项发盘，即是接受；缄默或不行动本身不等于接受"。据此，构成一项法律上有效的接受，必须具备以下四个条件：

（1）接受必须由指定的受盘人做出。发盘是向特定的受盘人做出，与其相对应，接受必须由指定的受盘人做出，除受盘人之外的第三者做出的接受都不是有效接受。

（2）接受必须表示出来。接受必须由受盘人以某种方式表示出来。受盘人表示接受的方式有两种：

1）用"声明"做出表示。即受盘人用口头或书面形式向发盘人表示同意发盘。这是国际贸易中最常用的表示方法，如受盘人用词简明，如"接受"或"确认"，则可明确地表达受盘人同意发盘的意思。

2）用"做出行为"来表示。所谓用作出某种行为来表示，通常是指卖方发运货物或由买方支付价款（包括汇付货款和开立信用证）来表示，也可以用作出其他任何行为来表示，如开始生产所买卖的货物、发盘人采购有关货物等。例如，出口方用发运货物或进口方以开信用证等行为来表示接受。在用行为表示接受时，必须注意，这种表示接受的方式是根据该发盘人的要求或依照当事人之间确立的习惯做法或惯例行事的，而且该行为必须在发盘明确规定的有效期之内，或者在合理时间之内做出方为有效。值得注意的是，我国在批准参加《公约》时，对《公约》承认合同可以书面以外形式订立的规定声明保留。因此，在实际业务中，我外贸企业应以书面通知的形式表示对发盘的接受。

（3）接受必须与发盘相符。接受必须无条件地全部同意发盘的条件。也就是说，接受必须是绝对的、无保留的，必须与发盘人所作发盘的条件相符。英美普通法认为，承诺（接受）应当像镜子一样照出要做（发盘）的内容。因此，附有限制、修改或增加新条件的接受，不能构成对发盘的有效接受，而是对发盘的拒绝并构成还盘。

（4）接受必须在发盘的有效期内到达发盘人。根据法律的一般要求，如发盘中明确规定了有效期，接受必须在发盘的有效期内送达发盘人方能生效；如发盘中未明确规定有效期，接受通知必须在一段合理时间内送达发盘人。如果接受通知超过发盘规定的有效期限，或发盘没有具体规定有效期限而超过合理时间才送达发盘人，这就是一项逾期接受，也称"迟到的接受"。对于这种迟到的接受，发盘人不受其约束，不具有法律效力。口头发盘必须立即接受，否则无效，如果发盘人同意延长发盘的有效期，则不受此限制。

3. 逾期接受

逾期接受又称迟到的接受，是指受盘人发出的接受通知超过发盘人规定的有效期或发盘中未明确规定有效期而超过合理时间才送达发盘人。逾期接受在一般情况下无效。但《公约》对这一问题作了灵活处理：第一，只要发盘人毫不迟延地口头或书面通知受盘人，认为该项逾期接受有效，那么合同就成立。如发盘人对逾期的接受表示拒绝或不立即向受盘人发出上述通知，则该项逾期接受无效，合同不成立。第二，如果载有逾期接受的信件或其他书面文件显示，在传递正常的情况下，本应是能够送达发盘人的，则这项接受应当有效。除非发盘人毫不迟延地用口头或书面通知受盘人，他认为发盘已经失效。总之，逾期接受是否有效，关键要看发盘人如何表态。

4. 重新接受

重新接受是指受盘人接到一项发盘时，首先做出了拒绝或还盘，然后又表示接受。这种接受是否有效，要根据情况而定，如果受盘人采用更加快捷的传递方式将接受通知发出，并使其先于拒绝或还盘送达发盘人，则该项接受有效；如果接受通知与拒绝或还盘同时送达发盘人，或者迟于拒绝或还盘送达发盘人，则此项接受无效。因为拒绝或还盘一旦送达发盘人，发盘即告失效，受盘人已无接受的权利。

5. 接受的撤回

根据《公约》规定，由于《公约》采用的是到达生效原则，因而接受发出后在一定条件下准予撤回，但条件是撤回通知必须于接受通知到达发盘人之前或同时被送达发盘人。

在业务中，接受需要撤回，常因事先考虑不周，对市场行情的迅速变化未能及时掌握。此时，可以运用《公约》有关规定，及时撤回接受。

接受不得撤销，接受的通知一经到达发盘人即不能撤销，因为接受一经生效合同即告成立。如果撤销接受，在实质上，已属于毁约行为。

二、买卖合同的订立

经过交易磋商，一方的发盘或还盘被对方有效地接受后，就算达成了交易，双方之间就建立了合同关系。《公约》以及西方大多数国家的法律对买卖合同的形式，虽然原则上不加以限制，但在实际业务中，买卖双方的习惯做法，依然是在达成协议之后，再签订一份书面合同，将各自的权利和义务用书面方式加以明确。

（一）签订合同的意义

按照各国法律的要求，凡是合同都须能得到证明，提供证据。一旦发生争议而诉诸法律，法院将要求当事人对合同的成立提供书面证据。《公约》和大多数国家的合同法规定，只要接受生效，合同即告成立。但在有些情况下，书面合同则是合同成立的必备条件。如在交易磋商过程中，买卖双方的一方曾声明并经另一方同意，合同的成立以双方签订书面合同为准，即使双方已对交易条件全部取得一致意见，在书面合同签订之前，还不存在法律上有效的合同。在此情况下，书面合同成为合同生效的不可缺少的条件。此外，凡需政府机构审核批准的合同，也必须是有一定格式的书面合同。

国际货物买卖合同的履行环节复杂，涉及的部门多，若只有口头协议，或凭分散于往来函电中的协议条款履行合同，将会给履行工作带来麻烦。因此，买卖双方不论通过口头还是书面磋商，在达成交易后将商定的交易条件全面清楚地列明在一个书面文件上，并由双方签字确认，对进一步明确双方的权利和义务，以及为合同的正确履行提供依据，具有重要意义。

（二）合同有效成立的条件

发盘经过对方有效接受，合同即告成立。但是，合同的法律效力还取决于是否具备一定的条件，否则不受法律保护。一份合法有效的合同必须具备以下特征：

（1）当事人必须在自愿和真实的基础上达成协议，采取欺诈、胁迫手段订立的合同无效。

（2）当事人必须具有订立合同的行为能力，未成年人、精神病人等不具备行为能力的人，订立合同无效。

（3）合同的标的和内容必须合法，以非法经营的产品为基础订立的合同不受法律保护。

（4）合同必须有对价和合法的约因，国际货物买卖合同是双务合同，合同必须互为有偿。

（5）合同的形式必须符合法律规定的要求，我国合同法规定，当事人订立合同，有书面形式、口头形式和其他形式。

书面合同有广义和狭义之分。广义的书面合同是由一定的书面文件形成的合同，它可以是一份由买卖双方签署的有一定构成的书面合同；也可以是买卖双方为订立合同进行磋商而往来的多份信件、电报与电传构成的书面合同。至于狭义的书面合同，仅指前一种有一定格式的书面合同。我们这里讲的就是关于这种狭义书面合同的签订。

（三）合同的形式

在国际贸易中，对书面合同的形式没有具体的限制，从事进出口贸易的买卖双方，既可采用正式合同、确认书、协议，也可采用备忘录等形式。此外，还有订单和委托订购单等。在我国外贸业务中主要使用合同和确认书两种形式。

1. 合同

合同的特点在于：内容比较全面，对双方的权利、义务以及发生争议后如何处理，均有较详细的规定。除了包括交易的主要条件，如品名、规格、数量、包装、价格、交货、支付外，还包括保险、商品检验、索赔、不可抗力、仲裁等条款。大宗商品或成交金额较大的交易，多采用此种形式的合同。

我国在对外贸易中使用的合同，分为销售合同和购买合同又称出口合同和进口合同。这两种合同的格式和主要内容基本一致。合同有正本和副本之分。在我国的对外贸易业务中，通常由我方缮制合同正本一式两份，经双方签字后，买卖双方各保存一份。合同副本与正本同时制作，无须签字，亦无法律效力，仅供交易双方内部留作参考资料，其份数视双方需要而定。

2. 确认书

成交确认书是合同的简化形式。它所包括的条款比合同简单，一般只就主要的交易条件作出规定，对买卖双方的义务描述不很详细。这种形式的合同适用于金额不大、批数较多的商品，或者已订有代理、包销等长期协议的交易。

我国在对外贸易业务中使用的确认书，分为销售确认书和购买确认书。这两种确认书的格式基本一致。当达成交易时，通常也由我方填制一式两份，经双方签字后，各自保存一份。它无正本与副本之分。

上述两种形式的合同，即正式的合同和确认书，虽然在格式、条款项目和内容繁简上有所不同，但在法律上具有同等效力，对买卖双方均有约束力。在我国对外贸易业务中，书面合同主要采用这两种方式。

3. 协议

在法律上，协议一般与合同同义。书面文件冠以"协议"或"协议书"的名称，只要其内容对买卖双方的权利和义务都做了明确、具体的规定，它就与合同一样对买卖双方具有法律约束力。但是，如果交易洽商的内容比较繁杂，双方商定了一部分条件，还有一部分条件有待进一步洽商，于是先签订一个"初步协议"，在协议书中也作了协议属初步性质的说明,这种协议就不具有合同的性质。

4. 备忘录

备忘录是进行交易洽商时用来记录洽商的内容,以备今后核查的文件。如果双方当事人把洽商的交易条件完整、明确、具体地记入备忘录,并经双方签字,那么这种备忘录的性质和作用就与合同无异。如果双方洽商后,只是对某些事项达成一定程度的相互理解,并记入备忘录,或者直接冠以"理解备忘录"的名称,则这种备忘录不具有法律约束力。

5. 订单

订单是指进口商或实际买家拟制的货物订购单。在我国外贸实践中,有的客户往往发出订单,要求我方签回。这种经洽商成交后发出的订单,实际上是国外客户的购买合同或购买确认书。

(四)合同的内容

书面合同的基本格式分为约首(合同的首部)、本节(合同的主体)、约尾(合同的末部)三个组成部分。

约首包括合同名称、合同编号、缔约日期、缔约地点、缔约双方名称和地址等;有的使用序言形式说明订约意图并放在约首。

本节即合同的主体部分,具体规定双方的权利、义务。这些条款应与双方同意的交易条件完全一致。主体包括商品名称、品质规格、数量、包装、单价、总价、交货、保险、支付方式、商检、不可抗力、索赔、仲裁等,以及根据不同的交易情况需要加列的其他条款。

约尾是指合同的尾部,包括合同文字的效力、合同的份数、附件的效力以及缔约双方的签字和适用的法律、惯例等。

在实际业务中,订立合同时应注意合同条款之间的内在联系,合同内容应符合政策,合同条款要明确、完善和肯定。

第三节 出口合同的履行

买卖双方经过交易磋商、签订出口合同以后,就进入了出口合同的履行阶段。高质量地完成外贸出口任务,不仅取决于合同的磋商和签订工作,而且更有赖于双方切实地按合同规定履行各自的义务。

在不同的贸易条件下,出口合同履行过程中所包括的工作环节和手续是不一样的。我国的出口贸易除大宗交易有时采用 FOB 术语外,多数采用 CIF 和 CFR 术语和凭信用证支付方式。若以目前使用最多的采用 CIF 术语和凭不可撤销即期议付信用证支付的交易为例，履行出口合同必须切实做好准备货物、落实信用证、安排装运和制单结汇等环节的工作，换言之，货（备货）、证（催证、审证、改证）、船（租船订舱、装船）、款（制单、结汇）四个基本环节构成了出口合同履行的必要程序，它们之间是相互联系、相互依存的关系。对出口企业来说，在出口合同履行过程中，具体地要做好"四排队""三平衡"工作。"四排队"是指以买卖合同为对象，根据合同项下的货物是否备妥、信用证是否开到，按四种情况进行分析排队，即"有证有货""有证无货""无证有货""无证无货"。"三平衡"是指以信用证为依据，根据信用证规定的装运期和到期日的远近，结合货源和运输能力的具体情况，分别轻重缓急，力求做到"货、证、运（船）"三方面的有效衔接，保证按时交付和装运货物，保证出口合同得以顺利履行。

一、准备货物

出口合同履行之前，首先要做的就是准备货物。根据合同规定的质量、数量、包装和交货时间的要求，进行货物的准备工作，是为了保证按时、按质、按量履行出口合同的交货义务。

（一）备货

备货工作的具体内容主要包括：向生产厂家或供货部门安排生产或催交货物，然后核实检查应收货物的质量、数量和包装状况，并对货物进行验收。有的商品进仓后，尚需根据出口合同规定再次进行整理、加工和包装，并在外包装上加刷唛头和其他必要的标志，如识别标志、指示性标志、警告性标志等，这种通过在货物上加标记等方式将货物划归有关合同的行为，在法律上又称"特定化"，这对货物风险的转移是很重要的。

在出口备货时，一般要注意以下几个问题：

（1）货物的品质、规格及花色搭配必须与合同规定完全一致，对不符合规定的商品应立即更换，否则对方有可能拒收货物并提出索赔。

（2）备货的数量应略多于合同规定的数量。即备货的数量不仅应保证满足合同或信用证对数量的要求，还应适当留有余地，备作装船时可能发生的调换和适应舱容之用。

（3）出口货物的包装材料、包装方法等应尽量与合同规定一致。出口商要认真检查出口货物包装是否出现破漏、水渍等不良情况，以及包装是否适合合同规定的运输方式。一旦发现包装损坏或与特定运输方式不相适应，就要立即更换或修理。另外，为避免货物在运输途中被盗，在外包装上不应标注可以识别货物种类的标签或货物的品牌。

（4）出口运输包装上货物的唛头既要与合同或信用证中的规定完全一致，又要符合进口国的有关规定，而且要做到字迹清晰、位置醒目、刷制正确。如果合同规定由买方设计唛头，而买方开来的信用证中又未对唛头作出规定，出口方应要求对方及时交来唛头图案，否则出口方有权自行决定唛头图案。

（5）备货时间应根据信用证规定的交货时间和期限而定，并结合船期安排，以利于船货衔接。避免船等货或货等船的现象，避免不必要的费用开支。

（6）卖方交付的货物必须是任何第三方不能根据工业产权或其他知识产权提出任何权利或请求的。即卖方应保证对所售货物享有合法的完全的所有权。也就是说，卖方不能把非法侵占他人权利得来的货物出售给买方，而且还应保证准备交付的货物是第三方不能根据工业产权或其他知识产权主张任何权利或请求的。

（7）若出口货物是比较特殊、不易转售的货物，出口方最好在收到买方开来的信用证并审核无误后再开始备货，这样就不会因对方违约（如拒不开证）而使自己陷于被动。

（二）报检

出口报检是出口生产、经营单位按照《中华人民共和国进出口商品检验法》规定，向当地出入境检验检疫局申请办理检验手续。我国海关规定了"先报检，后报关"的通关程序。

（1）凡属于法定检验的出口商品，必须根据《中华人民共和国商品检验法》及其实施条例、《中华人民共和国进出境动植物检疫法》及其实施条例、《中华人民共和国国境卫生检疫法》及其实施细则、《中华人民共和国食品卫生安全法》与国家质量监督检验检疫局制定的《出入境检验检疫报检规定》的规定，在规定的地点和期限内，持出口合同、信用证副本、发票、装箱单以及其他必要的单证向出入境检验检疫机构报检。检验检疫机构应当在不延误装运的期限内，实施检验检疫。检验检疫结果为合格的，按照规定签发检验检疫证书和出口通关单，出口通关单是报关的必需文件。

（2）对于不属于法定检验范围内的出口商品，出口合同约定有检验检疫机构检验的，也须按合同规定，持买卖合同等有关单证向检验检疫机构报检，由检验检疫机构实施或组织实施检验或检疫，在取得检验合格并能证明货物符合合同规定的证书之后，方可收取货款，并以此作为交接货物的依据。不属于法定检验范围的出口商品，出口合同也未规定由检验检疫机构出证的，则应视不同情况，分别采取委托检验检疫机构检验，由生产部门、供货部门进行检验，或者由外贸企业自行检验，检验合格后装运出口。

（3）凡属危险货物，其包装容器应由生产该容器的企业向检验检疫机构申请包装容器的性能鉴定。包装容器经检验检疫机构鉴定合格并取得性能鉴定证书，方可用于包装危险货物。生产出口危险货物的企业，必须向检验检疫机构申请危险货物包装容器的使用鉴定，使用那些未经鉴定合格的包装容器的危险货物将不准出口。

（4）对装运出口易腐烂变质的食品、冷冻品的船舱、集装箱等运载工具，承运人以及经办将货物装入集装箱的装箱单位或其代理人必须在装运前向检验检疫机构申请清洁、卫生、冷藏、密固等适载检验，经检验合格并取得证书，方可装运。

（5）出口动植物、动植物产品，凡有检疫要求的，出口单位或其代理人应事先填写报检单，向检验检疫机构申请检疫，经检疫合格，取得检疫证书，方可出口。经检疫发现有害病虫的，不准出口，经除害处理后方准出口。接受检疫的出口动植物或其产品，海关凭检验检疫机构签发的证书、放行单或在报关单上加盖的印章验放。未经检验、检疫或检验、检疫不合格的，不准出口。对于不属于法定检验范围的出口商品，检验检疫机构可以在生产、经营单位或其他检验机构检验的基础上，定期或者不定期地进行抽查检验。经抽查检验不合格的，不准出口。

值得注意的是，检验检疫机构检验合格的出口商品，发货人应当在检验证书和出口通关单签发之日起的有效期限内报运出口。逾期报运出口的，必须重新向检验检疫机构报检申请展期，并由商检部门进行复验，取得合格证书后方可出口。

二、落实信用证

在履行以信用证付款合同时，落实信用证是履行出口合同不可缺少的重要环节。落实信用证通常包括催证、审证和改证三项内容。当买方未按合同规定的时间开来信用证，或我企业作为卖方根据货源和运输情况可提前装运时，可以某种方式催促对方及时办理开证手续，以便卖方履行交货义务。而当买方开来信用证时，我方就必须对开证银行及信用证内容进行认真审查和核对，如发现与合同有重大不符，而我方又不愿接受，应及时向买方发出要求修改信用证的通知。

（一）催证

履行出口合同，对买方来说，应严格按照合同的规定按时开立信用证。在正常情况下，买方最少应在货物装运期之前15天（有时也规定30天）将信用证开到卖方手中。但在实际业务中，有时国外进口商在遇到市场发生变化或资金发生短缺的情况时，往往会拖延开证。对此，我们应催促对方迅速办理开证手续，必要时，也可请我驻外机构或有关银行协助代为催证。特别是大宗商品交易或按照买方要求而特别制定的商品的交易，更应结合备货情况进行及时催证。

催开信用证不是履行每一个出口合同都必须做的工作，通常在下列情况下才有必要进行：

（1）出口合同规定的装运期限较长（如3个月或6个月），而买方应在我方装运期之前的一定时日（如 30 天）开立信用证者，我方应在通知对方预计装运日期的同时，催请对方开证。

（2）买方在出口合同规定的期限内未开立信用证，我方可根据合同规定向对方要求损害赔偿或者同时宣告合同无效。但如不需要立即采取这一行动时，仍可催请对方开证。

（3）如果我方根据备货和承运工具的情况，可以提前装运时，则可请对方提前开证。

（4）即使开证期限未到，但发现客户资信不好，或者市场情况有变，也可催促对方开证。

（二）审证

信用证是一种银行开立的有条件的付款保证文件。信用证是按合同开立的，信用证内容应该与合同一致。但在实践中，由于种种原因，如工作的疏忽、电文传递的错误、贸易习惯的不同、市场行情的变化或进出口商有意利用开证的主动权在信用证上加列有利于自己利益的条款等，往往会出现开立的信用证与合同规定不符的情况。

在我国，审核信用证是银行与出口企业的共同责任。由于银行与出口企业的分工不同，因而在审核内容上各有侧重。银行着重负责审核有关开证申请人的资信、付款责任以及索汇路线的方面的条款和规定；出口企业则着重审核信用证的条款是否与买卖合同的规定相一致。对信用证内容的审核，一般包括：

（1）开证行和保兑行的资信。开证行和保兑行的资信对于出口商安全收汇很重要，因此，对于他们的资信情况要进行审核，特别是出口大宗货物时，要更加认证审核。另外，对于大宗货物出口，可要求允许分批发运，分期收汇，以减少风险。

（2）审核开证申请人和受益人。开证申请人大都是买卖合同的对方当事人（买方），但也可能是对方的客户（实际客户或第二买主），因此，对其名称和地址均应仔细核对，防止张冠李戴，错发错运。受益人通常是我方出口企业，是买卖合同的卖方，但我方企业有时需要更名，地址也可能改变，所以必须保持同步和正确无误。

（3）对商品名称、规格、数量、包装等条款的审核。这些内容要与合同一致。如果信用证有一些特别规定，要充分考虑是否做得到，是否能全部接受，否则，要求银行改证。

（4）审核信用证的金额。首先，应注意信用证金额与开证行资信能力是否相称，如不相称，为了确保安全收汇，要采取适当安全措施或干脆不予接受；其次，信用证金额一般应与合同金额相符。信用证上金额总值的阿拉伯数字和大写文字必须一致，若不一致，应要求改正。信用证金额是开证银行承担付款责任的最高金额，因此，发票和/或汇票金额不能超过信用证金额，否则将被拒付。所以，如果合同订有商品数量的"溢短装"条款时，信用证金额也应包括"溢装"部分的金额在内，按溢装幅度增加或规定相应的机动条款。信用证未按此规定的,不能溢装,但允许低于信用证金额5%以内的发票金额。

(5) 审核采用的货币。信用证所使用的货币,对协定国家(地区)应符合协定规定的货币;非协定国家(地区)的,信用证规定的支付货币应与合同规定相同,如不一致,应按我国银行颁布的"人民币市场汇率价表"折算成合同货币,在不低于或相当于原合同货币金额时,才能接受。

(6) 审核到期日、到期地点、交单期和最迟装运期。按国际惯例,信用证均规定一个交单付款或议付的有效期(或称到期日)。所以,未注明到期日的信用证不能使用。凡晚于到期日提交的单据,银行有权拒收。如信用证规定的到期地在国外,最好能修改,否则要提前交单,以免过期。交单日期是信用证规定的最晚向银行交单议付的日期,一般为提单日期后21天交单。如交单日期先到期,出口人到议付行议付的最后期限应以交单期为准。最迟装运期是指如信用证到达太晚或生产、船舶问题等原因,不能按期装运,应及时电请国外买方延展装运期限。信用证的有效期与装运期应有一定的合理间隔(一般为10~15天),以便在货物装船后有足够的时间进行制单结汇等工作。如信用证的有效期和装运期是同一时间,即为"双到期"的信用证,可根据我企业能否提前装运而决定是否让对方修改有效期,如果接受,应在装运期内提前10~15天完成装运。

此外,还应对装船和分批装运条款、信用证的付款方式、特殊条款等等按照买卖合同条款,参照《跟单信用证统一惯例》(简称《UCP600》)的规定和解释逐条对照作详细审核。

(三) 改证

在审核信用证中发现属于不符合我国对外贸易政策,影响合同履行和安全收汇等情况,我们必须要国外客户修改信用证,并坚持在收到银行修改信用证通知书后才能装运。修改信用证流程通常是:卖方审证—函电要求买方修改—买方通知开证银行改证—开证行改证并转交通知行—通知行再将改证转交卖方。

《UCP600》第10条对修改信用证作了详细和具体的规定:

(1) 除非另有规定,未经开证行、保兑行(如有的话)及受益人同意,信用证既不得修改,也不得撤销。

(2) 开证行自发出修改之时起,即不可撤销地受其约束。保兑行可将其保兑扩展至修改,并自通知该修改时,即不可撤销地受其约束。但是,保兑行可以选择将修改通知受益人而不对其加具保兑。如果这样,其必须毫不延误地将此告知开证行,并在其给受益人的通知中告知受益人。

(3) 在受益人告知通知修改的银行其接受该修改之前,原信用证(或含有先前被接受的修改的信用证）的条款对受益人仍然有效。受益人应提供接受或拒绝修改的通知。如果受益人未能给予通知，当交单与信用证以及尚未表示接受修改的要求一致时，即视为受益人已做出接受修改的通知，并且从此时起，该信用证被修改。

（4）通知修改的银行应将任何接受或拒绝的通知转告发出修改的银行。

（5）对同一修改的内容不允许部分接受，部分接受将被视为拒绝修改的通知。

（6）修改中关于除非受益人在某一时间内拒绝修改否则修改生效的规定应被不予理会。修改信用证时应注意以下问题：

为防止作伪，便于受益人全面地履行信用证条款规定的义务，信用证的修改通知书应当通过原信用证的通知行转递或通知。例如，由开证人或开证行直接寄来的，应提请通知行证实。对于可接受或已表示接受的信用证修改书，应立即将其与原信用证附在一起，并注明修改次数（如修改一次以上），这样可防止使用时与原信用证脱节，造成信用证条款不全，影响及时安全收汇。

三、安排装运

按 CFR（成本费 + 运费）、CIF（成本费 + 运费 + 保险费）条件成交的合同，出口方办理租船订舱，或以 FOB（船上交货价）条件成交而进口方委托出口方代办的，出口方也应该办理托运手续。

（一）托运

由我方安排运输的出口合同，通常地，我出口企业通常都委托我国对外贸易运输公司（以下简称"外运公司"）或其他国际货物运输代理办理对外装运货物，租订运输工具和办理各项有关运输事项。所以，在货、证齐全后，出口企业应即向货运代理办理托运手续。所谓托运，是指出口企业委托货运代理办理出口货物运输事宜。在 CIF 合同以及使用集装箱班轮装运货物出口的情况下，我出口企业办理托运，应向货运代理提交出口货运代理委托书。此外，出口企业还必须向货运代理公司提供与出口货物有关的单证，如提货单（出仓单）、商业发票、装箱单和/或重量单（磅码单）、出口货物报关单、外汇核销单等。对有些特定货物，还需提供出口许可证、商检证等。

（二）订舱

货运代理收到出口企业的货运代理委托书后，缮制托运单（其中包括装货单、配舱回单、收货单等），向船公司办理订舱手续，船公司根据托运的货量、船舶的舱容和抵港受载的日期，分轻重缓急进行配载。如接受订舱则在托运单的几联单据上编制提单号码，填上船名、航次并签署，表示确认托运人的订舱，并将其中的配舱回单、装货单退还给托运人，托运人凭装货单办理报关手续。出口公司在船公司通知的时间内，将货物发运到港区内指定仓库或货物，准备装运。

(三)投保

在履行 CIF 出口合同时,在配舱就绪、确定船名、航次和装运日期后,出口企业应于货物远离仓库或其他储存处所前,按照合同和信用证的规定向保险公司办理投保手续,以取得约定的保险单据。在办理投保手续时,通常应填写对外运输投保单,列明投保人名称、货物的名称、数量、包装和标志、船名、航次、预计起航日期、投保险别、保险金额等。有时也有出口企业利用现成的单据副本如出口货物明细表、货物出口分析单等表示替代投保单。保险公司根据投保单考虑接受承包,并缮制签发保险单。

(四)报关

出口货物交付装运前,必须经过海关清关。清关又称通关,通常需经五个环节:出口申报、审核单证、查验货物、办理征税、清关放行。目前,我国的出口企业在办理报关时,可以自行办理报关手续,也可以通过专业的报关经纪行或国际货运代理公司来办理。无论是自行报关,还是由报关行来办理,都必须填写出口货物报关单,必要时,还需要提供出口合同副本、发票、装箱单或重量单、出口通关单及其他有关证件,向海关申报出口。

(五)装运

在 CIF 合同、采取集装箱班轮运输的情况下,承运船舶抵港前,出口企业或其货运代理应根据港区所作的计划进行,将经出口清关并由海关加上封志的集装箱存放于港区指定堆场,与港方仓库、货场和理货人员(代表船方)办妥交接手续,分清货、理、船三方责任。港区外轮理货员凭场站收据副本大副联进行理货配载。船舶抵港后,由港区向托运人签收"缴纳出口货物港务费申请书"后,办理装船。并做好舱内的堆码、隔垫和加固工作。出口单位可派人在现场监装,尽量利用舱容以免退关。装船完毕,由船长或大副签署场站收据(正本),表明货物已收妥。出口企业或货运代理可凭此单据向船公司或其代理人换取已装船提单。托运人应查看场站收据上的内容有无漏签和不良批注,如有漏签,应与理货组长一起找大副改签;如有不良批注,应设法消除造成的原因(如包装不良需要换装)。

(六)发已装运通知

在 CIF 合同下,按国际惯例以及我出口业务中的习惯做法,我出口企业于货物装运(装船)后,应向国外买方以电讯方式及时发出装运通知,或称"装船通知",以便于买方为收取货物事先采取必需的措施。

四、制单结汇

以托收和信用证方式结算货款是凭单付款,出口单据在表面上证实了卖方已经履行了合同义务。以信用证方式成交，对单据有更加严格的要求，单据是否严格符合信用证规定，直接关系到及时和安全收汇。因此，根据合同和信用证，正确缮制单据，是履行出口合同的一个重要环节。

（一）制作单据

现代国际贸易绝大部分采用凭单交货、凭单付款方式。因此，在出口业务中做好单据工作，对及时安全收汇，有特别重要的意义。

常用的出口单据主要有以下几种：

（1）汇票。在出口贸易中，通常使用的是随附单据的"跟单汇票"。

（2）商业发票。商业发票是出口人对进口人开立的发货价目清单，是装运货物的总说明。

（3）运输单据。运输单据随不同的运输方式而各异。海洋运输大都使用海运提单。

（4）保险单据。当出口人办妥投保手续后，保险公司即根据投保单缮制保险单。

（5）包装单据。包装单据是指一切记载或描述商品包装情况的单据，也是商业发票的补充单据。在向银行交单并要求付款、承兑或议付时，除散货外，一般均要求提供包装单据。如装箱单、包装说明、重量单等。

（6）产地证明书。产地证明书是一种证明货物原产地或制造地的文件，也是进口国海关核定进口货物印证税率的根据。一般分为：普通产地证、普惠制产地证以及政府间协议规定的特殊原产地证。

（7）普惠制产地证。根据普惠制规定，发达国家对来自发展中国家的商品，特别是工业制成品、半制成品，要给予普遍的、非互惠的、非歧视性的关税优惠待遇，我国对此提供单据。普惠制产地证使用于一般性商品由出口企业填写，由中国商会签发。在对给惠国出口时，无论进口方在信用证中是否要求，出口企业都应提供普惠制产地证。

（8）检验证书。检验证书是出入境检验检疫机构对出口商品实施检验或检疫后，根据检验检疫结果，结合出口合同和信用证的要求，对外签发的证书。

（9）海关发票。海关发票是非洲、美洲和大洋洲等某些国家海关特定的格式，由出口人填制，供进口人在向进口国海关报关时用的一种特别发票。

（10）其他单证。其他单证是根据信用证条款规定而提供的。常见的有：寄单证明、寄船样证明、装运通知副本、邮局收据或快递收据、有关运输方面的证明。

（二）交单结汇

交单是指出口人在信用证交单到期日前和交单期限内向指定银行提交符合信用证条款规定的单据。这些单据经银行审核确认无误后，根据信用证规定的付款条件，由银行办理出口结汇。由于银行的付款、承兑和议付均以受益人提交的单据完全符合信用证条款的规定为条件，所以交付单据应严格做到完整、明确、及时的要求。

为了提高单证质量，保证安全和及时收汇，我国银贸双方本着密切配合、相互支持的原则，采用在运输单据签发之前先将其他已备齐的单据送交银行预审和在全部单据备齐后向银行交单。两种不同方式，视业务的实际情况选择使用。

在我国出口业务中，使用议付信用证比较多。对于这种信用证的出口结汇办法，主要有三种：收妥结汇、定期结汇和买单结汇。

（1）收妥结汇又称先收后结，是指出口地银行收到受益人提交的单据，经审核确认与信用证条款的规定相符后，将单据寄给国外付款行索偿，待付款行将外汇划给出口地银行账户的贷记通知书后，该行在按当日外汇牌价结算成人民币付给受益人。

（2）定期结汇是指出口地银行在收到受益人提交的单据经审核无误后，预先确定一个固定的结汇期限将单据寄给国外银行索偿，并自交单日起在事先规定期限内主动将货款外汇结算成人民币贷记受益人账户或交付给受益人。

（3）买单结汇又称出口押汇或议付，是指议付行在审核单据后确认受益人所交单据符合信用证条款规定的情况下，按信用证的条款买入受益人的汇票和／或单据，从票面金额中扣除从议付日到估计收到票款之日的利息，将净数按议付日人民币市场汇价折算成人民币，付给信用证的受益人。议付行买入汇票和／或单据后，就成为汇票的善意持有人，即可凭汇票向信用证的开证行或其指定的银行索取票款。

如上所述，在信用证支付条件下，受益人为了安全收汇必须做到单、证一致和单、单一致。但不能疏忽的是，出口人还需承担买卖合同规定的义务。所以出口人在履行合同时除了要做到单、证一致和单、单一致外，还必须做到所交货物与合同规定一致，货物与单据一致。这样环环扣紧，才能保证安全收汇，并避免买方收到货物后提出异议或索赔。

五、违约处理

违约是合同一方当事人未履行其合同上的业务或者没有全部履行其合同义务而应承担的责任。

在实际业务中，由于种种原因，当事人不履行合同义务，或不按合同规定全部履行合同义务的情形经常有可能发生。当事人不履行合同义务或不按合同规定履行义务，如果不是出于不可抗力或其他的免责原因，均构成违约，违约的一方应对由此引起的后果负责。在一般情况下，违约的一方要向对方负责赔偿因违约而造成的损失。

国际货物买卖合同订立后，卖方最常见的违约行为有不交货、延迟交货、所交货物与合同规定不符、不按合同规定移交与货物有关的单据等；买方的违约行为最常见的有无理由拒收货物、拒绝接受符合合同规定的单据、不按合同规定派船接货或指定承运人、拒绝支付货款或按合同规定开立信用证等。

在国际货物买卖中，当一方违反合同时，另一方可采取的救济方法主要有：要求损害赔偿，推迟履行，降低价格、要求违约方支付违约金或宣告合同无效。此外，还有要求继续履行、换货、对不符合同货物进行修补，卖方对未付清货款尚未发运的货物行使留置权，已发运在途的货物通知运回等。究竟采取何种补救措施，在很大程度上取决于违约的性质及其具体情况。

总之，一旦发生违约，不仅涉及当事人的法律责任和经济利益，如果处理不当，还会影响双方的关系和日后的业务发展，所以，必须认真对待。

第四节 进口合同的履行

进口合同依法订立后，买卖双方都必须严格按照合同规定履行各自的义务。在进口业务中，我方作为买方，必须贯彻重合同、守信用的原则，按照合同规定，收取货物和付价款，同时，也要随时注意卖方履行合同的情况，督促卖方按合同规定履行其交货、交单和转移货物所有权的义务。

一、信用证的开立和修改

进口合同签订后，进口企业应在合同规定的期限内向经营外汇业务的银行及时办理开证申请手续。信用证开出后，如发现内容与开证申请书不符，或因情况发生变化或其他原因，需对信用证进行修改，应立即向开证行提出修改申请。

（一）申请开立信用证

开证申请人在向开证银行申请开立信用证时，应填写开证申请书，连同所需附件交开证行。开证申请书的内容必须完整明确，为了防止混淆和误解，开证申请书不应罗列过多的细节。在指示开立信用证时，最好不要引用先前开立的信用证。开证申请书中必须明确说明据以付款、承兑或议付的单据的种类、文字内容及出具单据的机构等。信用证的开立时间应按照合同的规定。

开证申请人在填写开证申请书时，应注意下列问题：

（1）信用证的种类：应按合同规定填写信用证的类别。在进口业务中，一般不宜开立可转让信用证，以防因第二受益人不可靠而造成意外损失。

（2）信用证金额：即受益人可使用的最高限额。大小写金额要一致，除非确有必要，不宜在金额前加"约""近似""大约"或类似词语，否则，按UCP600，将被解释允许有不超过10%的增减幅度。另外要注意进口合同中对于出口商佣金的规定，信用证金额需与之规定一致。

（3）汇票付款人和付款期限：汇票的付款人应规定为开证行或信用证指定的其他

银行，而不能规定为开证申请人，否则，该汇票将被视作额外单据；汇票为即期还是远期应严格按合同规定。

（4）运输单据：如采用海洋运输，一般应要求提供全套空白背书并由发货人背书，或凭开证行指示的已装船提单；对集装箱运输、航空运输、铁路运输、邮包运输，则应在采用FCA（货交承运人）、CIP（运费及保险费付至）、CPT（运费付至）贸易术语的条件方可受理，同时必须注明提交相应的运输单据。

（5）其他单据：产地证、品质、重量检验证书、化验证明书等的签发机构、形式、内容及证明事项等应作明确规定。

（6）分批装运和转运：进口合同如规定不允许分批装运和转运的，应在信用证中明确注明不准分批装运、不准转运。如信用证对此不作规定的，将被视为允许分批装运和转运。

（7）到期日和到期地点：信用证必须规定一个到期日和除了自由议付信用证外的一个交单地点，否则，该信用证就不能使用。

（二）信用证的修改

信用证开出后，如发现内容与开证申请书不符，或因情况发生变化或其他原因，需对信用证进行修改，应立即向开证行递交修改申请书，要求开证行办理修改信用证手续。但应尽量避免修改信用证，因为不仅会有银行费用的发生，也会占用时间，影响合同正常履行。

信用证经修改后，开证行即不可撤销地受该修改的约束。受益人可决定其是否接受修改，而且，受益人必须发出其接受或拒绝修改的书面通知（受益人一般应该在接到信用证副本之日起2个工作日内通知银行是否需要修改）。在受益人告知通知修改的银行他接受修改之前，原信用证的条款对受益人仍具有约束力。如受益人未发出其接受或拒绝的通知而其提交的单据与原信用证的条款相符，则视为受益人已拒绝了该修改；但若提交的单据与经修改的信用证条款相符，则视为受益人已发出接受该修改的通知，从那时起，该信用证已被修改。

总之，我进口企业对信用证的开立和修改应持慎重态度。在申请开立信用证时，应做到开证申请书与合同相符，以避免不必要的修改，并避免不符条款被受益人利用而遭受损失；在修改信用证时，亦应注意修改内容的正确并应考虑到受益人可能拒绝修改而仍按原信用证条款履行。

二、派船接运货物

履行FOB交货条件的进口合同，由进口方负责安排运输。租船、订舱的时间应按照合同规定，并应在运输机构规定的时间内提交订舱单，保证及时配船。进口企业在办妥租船、订舱手续,接到运输机构的配船通知后,应按规定期限将船名及预期到港日期通知卖方,以便卖方准备装货。对 CIF 和 CFR 条件下的进口合同,系由卖方负责租船、订舱,安排装运。但我方也应及时与卖方联系,掌握卖方的备货和装运情况。

为了防止船货脱节和出现船等货物的情况,进口方要随时了解和掌握对方备货和装船前的准备工作情况,督促对方按期装运。

三、办理保险

FOB、FCA、CFR 和 CPT 条件下的进口合同,由进口企业负责向保险公司办理货物的运输保险。进口货物运输保险一般有预约保险和逐笔投保两种方式。

(一)预约保险

我国部分外贸企业和保险公司签订海运、空运和陆运货物的预约保险合同,简称"预保合同"。这种保险方式,手续简便,对外贸企业进口货物的投保险别、投保费率、适用的保险条款、保险费及赔偿的支付方法等都做了明确的规定。

根据预约保险合同,保险公司对有关进口货物负有自动承保的责任。对于海运货物,外贸公司接到外商的装运通知后,只需按要求填制进口货物"装货通知",将合同号、起运口岸、船名、起运日期、航线、货物名称、数量、金额等必要内容一一列明,送保险公司,即可作为投保凭证。货物一经起运,保险公司就自动按预约保单所订的条件承保。对于空运和邮包运输的货物,也要根据预约保险合同的内容和承保范围,在收到供货商的装运通知后,立即填制"装货通知"送交保险公司签章。

(二)逐笔投保

在没有与保险公司签订预约保险合同的情况下,对进口货物要逐笔投保。外贸企业在接到卖方的发货通知后,应当立即向保险公司办理保险手续。在一般情况下,外贸企业填制"装货通知"代替投保单交保险公司,"装货通知"中必须注明合同号、起运地、运输工具、起运日期、目的地、估计到达日期、货物名称、数量、保险金额等内容,保险公司接受承保后给公司签发一份正式保单。如外贸公司不及时向保险公司投保,货物在投保之前运输途中发生损失时,保险公司不负赔偿责任。

保险公司对海运货物保险的责任期限,一般是从货物在国外装运港装上海轮时起开始生效,到保险单据载明的国内目的地收货人仓库或储存处所为止。如未抵达上述仓库或储存处所,则以被保货物在卸货港卸离海轮后 60 天为止,如不能在此期限内转运,可向保险公司申请延期,延期最多为 60 天。应当注意的是:散货以及木材、化肥、粮食等一些货物,保险责任均至卸货港的仓库或场地终止,并以货物卸离海轮 60 天为限,不实行国内转运期间保险责任的扩展。少数货物如新鲜果蔬、活牲畜在卸离海轮时,保险责任即告终止。

四、审单和付款

以信用证方式结算,为保证我方的权益,必须认真做好审单工作,而审单是银行与企业共同的责任。银行在收到国外寄来的汇票和其他单据之后,对照信用证的规定,核对是否"单单一致、单证一致",如内容无误,由银行对国外付款。同时进口商用人民币按照国家规定的有关外汇牌价向银行买汇赎单。如果核对国外单据发现国外单据单证不符时,应做出适当处理。例如:停止对外付款;凭卖方或议付行出具担保付款;要求国外改正单据;付款的同时,提出保留索赔权等。

五、报关接货

货物在抵达目的港后,必须向海关申报。除另有规定外,进口报关必须由海关准予注册登记的报关企业或者有权经营进口业务的企业负责办理,代表报关单位报关的人员应该是已经通过了海关组织的报关员资格考试并已获得报关证的人员。报关需要填制"进口货物报关单",并随附发票、提单和进口通关单等向海关申报进口,海关经查验认可后才能放行。未经海关放行的进口货物,任何单位和个人不得提取或发运。

进口报关的法定申报时限为自运输工具申报进境之日起 14 天内,超过 14 天期限未向海关申报的,由海关按日征收进口货物 CIF(或 CIP)价格的 0.5‰ 的滞报金。超过 3 个月未向海关申报的,由海关提取变卖,所得价款在扣除运输、装卸、存储等费用和税款后,尚有余款的,自货物变卖之日起 1 年内,经收货人申请予以发还,超期无人申请的,统一上缴国家。

另外,进口企业付款赎单之后,应着手准备接货工作。接货包括监卸和报验。监卸后,在报关前,货物应先向商检机构申请报验,以取得进口通关单在下面三种情况时,应在卸货港口向商检机构报验:

(1)属于法定检验的货物。
(2)合同规定应在卸货港检验的货物。
(3)发现货损货差情况。

商检机构根据报检人的要求和有关合同的规定,对进口商品进行检验、鉴定后,对外签发品质、数量、重量、包装、货载衡量、验残、海损鉴定证书。进口商品检验不合格的,对外签发检验证书供有关方面凭以向外索赔。

六、进口索赔

在进口业务中,有时会发生卖方不履行或不完全履行合同规定的义务的情况,如不交货或虽交货但所交货物不完全符合合同规定,而使买方遭受损失而引起索赔,或货物由于在装卸、搬运和运输过程中使品质、数量、包装受到损害或由于自然灾害、意外事故以及其他外来原因致使货物受损，而需向有关责任方提出索赔。

（一）向卖方索赔

向卖方索赔，也就是由于卖方违约买方可以采取的补救措施。在进口业务中，由于卖方的违约行为不同，买方可以采取的补救措施也各异。

1. 宣告合同无效

按《公约》规定，如果卖方完全不交付货物，或不按合同规定交付货物，属于根本违反合同时，买方可以宣告整个合同无效，还可以向卖方提出索赔。赔偿金额应与因卖方违反合同而使买方遭受的包括利润在内的损失相等。

2. 其他补救措施

如果卖方不履行合同或不完全履行合同的结果，使买方遭受了损失，但并未剥夺买方根据合同规定有权期待得到的东西，即未构成根本违约，买方不能宣告合同无效，但可以要求赔偿。此外，买方可以行使采取其他补救措施：可以规定一段合理时限的额外时间，让卖方履行其义务；如果货物不符合同，买方可以要求卖方通过修理对不符合同之处做出补救，或买方可以减低价格，减价按实际交付的货物在交货时的价值与符合的货物在当时的价值两者之间的比例计算。

（二）向承运人索赔

在进口业务中，凡到货数量少于运输单据所述数量，或由于承运人的过失造成货物残损、遗失，应由承运人负责。承运人是指在运输合同中承担履行铁路、公路、海洋、航空、内河运输或多式联运，或取得承担上述运输履行的任何人。进口人认可根据不同运输方式的有关规定，向承运人或其代理人发出索赔通知。

向船公司索赔的期限为货物到达目的港交货后1年之内。

（三）向保险公司索赔

如进口货物在保险责任有效期内发生属于自然灾害、意外事故、外来原因或在运输装卸过程中发生其他事故致使货物受损，且在保险公司责任范围内的，不论合同中采用FOB、CFR、FCA、CPT贸易术语还是采用CIF、CIP贸易术语，都应由进口人向保险公司提出赔偿要求。在向保险公司索赔时，进口人应备妥各项必要的单证，如保险单据、运输单据、发票、检验报告、货损货差证明等，并及时发出损失通知。此外，进口人还应迅速对受损货物采取必要的合理施救、整理措施，防止损失的扩大，因抢救、阻止或减少货损的措施而支付的合理费用，可由保险公司负担。向保险公司提出海运货损索赔的期限则为被保险货物在卸货港全部卸离海轮后2年内。

(四)索赔的注意事项

1. 索赔期限

索赔期限是进口索赔的重要问题。有关卖方交货的品质与合同不符或原装数量短少需向卖方索赔的,应当在合同所规定的索赔期限内提出。逾期提出索赔,卖方有权不受理。如买卖合同中未规定索赔期限,按《联合国国际货物销售合同公约》规定,买方行使索赔权最长期限是自其实际收到货物之日起不超过2年;而我国法律对国际货物买卖合同争议提起诉讼或者申请仲裁的期限,则规定自当事人知道或者应当知道其权力受到侵犯之日起4年为限。

2. 索赔证据

对外索赔需提供足够的证据,索赔时证据不足、问题不清、责任不明或不符合同中索赔条款的都可能遭到对方拒绝。首先,应填制索赔清单,并随附商检机构签发的检验证书、发票、装箱单及提单副本。其次,对不同的索赔对象,还要另附有关证件。向出口方索赔时,如是FOB或CFR合同须附保险单一份;向船公司索赔时,须附由船长及港务局理货员签证的理货报告及船长签证的短缺残损证明;向保险公司索赔须附保险公司与买方的联合检验报告等。

第四章 国际贸易的创新

第一节 国际贸易政策理论创新

国际贸易政策是一国政府为使本国利益最大化、为促进本国经济快速发展、实现本国收入公平分配而采取的限制或者是鼓励自由贸易的策略。国际贸易理论中，自由化国际贸易政策一直以来是占主导地位的；但是，世界上还没存在一个国家是实行完全开放的自由贸易政策，他们大多是采取种种贸易限制措施甚至保护主义政策。针对世界上各国贸易限制政策及相应的保护政策，中国必须结合国际环境及制度，选择符合本国国情、遵守国际准则、加强本国经济实力的国际贸易政策。

一、中国面临的国际贸易竞争环境

随着经济全球化发展，面对世界经济的新变化、新挑战、新形势，中国国际贸易面临的国际竞争格局将发生巨大的变化，对今后的竞争行驶有着重大的影响。随着经济全球化和贸易自由化的快速发展，各种不利于中国国际贸易的因素在不断滋生，中国国际贸易发展的道路仍然崎岖、坎坷。

国际市场及其制度环境相当严峻。随着中国加入世界贸易组织（WTO），中国将面临全方位、多层次的挑战，首当其冲就是中国开放型经济的建立。中国不像亚洲"四小龙"，不能单向地直接向国际市场迈进，只能在逐步开放国内市场的同时进军宽广的国际市场。同时，中国不得不全面接受以 WTO 为中心而制订的一系列国际贸易制度、准则，尽管这些制度、准则对像中国这样的发展中国家来说并不完全合理。

贸易保护主义呈现出新的形式。当今国际经济中，在贸易自由化的浪潮不断推进的同时，贸易保护主义也以各种新面貌涌现。国家之间的竞争开始与企业之间、产业之间的竞争结合起来，从而使得国际竞争格局变得愈演愈烈。新出现的贸易保护主义往往打着保护生存环境和人类健康、保障全球共同利益等旗帜，利用发展中国家跟发达国家之间的经济差距，对发展中国家进行变相的贸易保护政策。对于这些新型的保护政策，其中，适用最多的就是"技术壁垒"与"绿色壁垒"，发达国家的绿色壁垒沉重地冲击了中国商品的出口,很大程度上影响中国国内的出口企业,其影响不亚于"反倾销"案件的影响。自从中国加入 WTO 后,所面临的国际竞争环境更加严峻,同时受本国经济、科技发展水平的制约,中国还没用能力主动利用绿色壁垒来保护本国企业。因此,绿色壁垒对中国的负面影响极大。技术壁垒主要是信息壁垒的应用,在国际贸易竞争中,发达国家经常对一些技术规则、制度或标准进行修订,由于发展中国家技术上的落后、信息不畅等原因,往往在出口时会遭遇技术壁垒,损失惨重。对于中国,遭遇技术壁垒最多的出口产品是农产品、机电产品、纺织品、化工产品和医药产品等。

新经济潮流呈现出新的机遇和挑战。信息技术的发展使得世界经济呈现出新潮流,这为中国经济发展带来了新的机遇,但同时也带来了新的挑战。新的机遇主要表现在发达国家先进的技术、设备的流入为中国现代化企业的建立提供了重要的技术及后备资源。通过网络产业的建立和发展,新的经济运营和管理机制也相应地成立,同时中国企业可以利用信息技术来发展信息密集型产业,或开发"信息—资本密集型"产品和"信息—劳动密集型"产品,从而开发出新的市场需求。我们还可以利用国际分工机制,发展新型的出口导向型产业,参与国际及地区分工,从而形成新的经济增长点。可是,中国一旦没有抓住这一机遇,也就必将使中国经济在新的国际或地区分工体系中处于非常不利的境况。

国家干预与自由贸易化同步发展。在经济全球化的背景下,贸易自由化也不断地迅速发展,世界各国对国际贸易政策的制定呈现出自由化发展的趋势,可调节的有限制的自由贸易政策在此时已成主流。但在同时,世界主要国家(尤其是欧美发达国家)的政府越来越卷入国际贸易中去,或公开、或秘密地进行保护主义贸易政策,从而达到扶持和保护本国的企业的目的。世界各国政府在国际贸易上的博弈已经成为现代国际关系的重要组成部位。

外贸企业的竞争结构发生重大变化。21 世纪以来,国际并购潮流盛行,"新寡头经济"形成,许多行业都开始为不完全竞争市场,各国大型企业的全球性战略眼光突显。但现在,中国企业与外国的跨国公司的关系仍处在争夺中国市场的合作阶段。跨国公司不断地在中国进行大规模系统化的投资,使得中国已成为他们全球战略思想中的一部分,他们将国内市场跟国际市场紧密地结合起来,使"国内竞争国际化"和"国际竞争国内化"同步发展,从而促使中国经济更迅速地融入经济全球化的发展进程,使得中国外贸企业面临极其恶劣的国际竞争环境。同时,经济利益关系多元化的发展以及中国政策协调能力失利,也加剧了中国外贸企业之间和地区之间在国际贸易上的竞争,使得国内企业很难做到"一致对外"。再者,中国产业之间的相互融合、贸易结构的不断重组以及利益结构的多元化,从而导致中外企业之间相互结合、相互渗透、相互控制,使得中外企业之间"敌友难分"。

二、国际贸易条件下两种保护性贸易政策的性质

(一)"公开型"的贸易保护

"公开型"的贸易保护,是指在当下的贸易组织条件下,国家之间自由贸易的谈判过程中,一些没有涉及的领域,或者在国家贸易谈判中随意达成协定,但是并没有履行的承诺,除此之外,还包括协议中的一些规则的例外而引起的保护措施。在WTO条件下发达资本主义国家的"公开型"贸易保护的手段有两种:一是运用高关税限制进口;二是利用各种各样的非关税壁垒。国内的价格支持就是常见的公开型保护措施之一。

(二)"隐蔽型"的贸易保护

"隐蔽型"贸易保护是与"公开型"贸易保护相对应的,以"反倾销壁垒"为代表,还包括"技术壁垒""绿色壁垒"等。以绿色壁垒为例,经济的好转,导致很多国家对于农产品的质量要求增高,于是多个国家,比如美国、德国等都制定了一些农产品质量检测标准,表面看,是保护本国人民食品质量安全,但是实际上却是在保护本国的农产品贸易,抵制其他国家农产品的出口。尤其是我国作为农业大国,这种绿色壁垒对于我国很多食品类的贸易产生了重大影响。我国与一些大国保持的农产品交易受到影响,从而对我国的农产品产业产生较大影响。国际贸易中,国家与国家之间、地区之间,出现一些较为严格的绿色贸易壁垒,不受价格影响,使得国际农产品出口贸易环境发生较大变化。其手段包括两类:一是征收高额关税,如加征高额反倾销税、反补贴税;二是禁止进口甚至就地销毁,这主要是不符合国家的检验检疫标准、环保标准等而采取的措施。

三、中国国际贸易政策选择

针对国际竞争环境的越发激烈化,中国国际贸易在坎坷中经历了近二十多年的改革,逐渐地融入世界经济体系中去,使得中国国际贸易政策不断趋于成熟,并促进了中国经济的增长及国民福利的提升。在中国参与APEC运作及加入WTO以后,中国的国际贸易政策也越来越趋于理性,向自由化的贸易不断迈进,贸易政策措施的选择也越来越具有针对性、规范性。

(一)在WTO体制下推进国际贸易自由化

中国已是WTO成员,中国贸易政策的制定必须依据WTO这个开放型的自由贸易体制,必须在WTO所确定的原则、规则下推进国际贸易的自由化。一般说来,WTO中对贸易政策及贸易行为而制定的准则、规范提倡的是使贸易自由化逐渐进行。其表

现在以下几个方面：①在市场经济的基础上开放贸易制度。②建立并维护贸易环境的公平性。③采取规范的、透明的贸易调节政策。④允许WTO贸易政策规则以外的经济事项发生。在实际贸易交往中，一些交易和贸易政策部分的与WTO原则相冲突相违背的情况发生也是可以包容的。这些政策主要是：国际收支平衡、进口损害防御措施、区域经济一体化、幼稚工业保护以及发展中国家的一些政策等。在WTO贸易政策规则下，中国的贸易政策选择主要体现在推进国际贸易自由化趋势以及利用WTO的相关保护措施对国内市场、产业、企业进行适当的必要的保护。

（二）立足于本国的发展现状，制定符合本国利益的贸易法律体系

不同国家的经济实力大不相同，因而对他采取的贸易政策也不相同。所以每个国家在制定国际贸易政策时，必须结合本国的经济发展水平以及本国的具体法律制度，而不能盲目地采用西方国家的政策策略。在本国行业遭遇外国贸易保护主义冲击时，比如反倾销、反补贴、绿色壁垒、技术壁垒时，中国应适时地制定相关应对措施，加强贸易保护政策。中国已成为世界上遭受贸易保护主义打击最大的国家之一，因此，中国必须制定实时的贸易政策来应对各个方向而来的保护主义攻击。如：利用争端解决机构（DSB）保障自身的权益、建立反倾销应对机制等。

无论是在过去还是在现在的WTO框架下，国际上贸易政策的本质都是具有保护性的，并且在WTO框架下的保护更具系统性、进攻性、合法性，更难应对。中国加入WTO后，首先，必须制定出一套有利于中国利益的符合中国国情的贸易法律体系，以保护本国市场和企业；第二，由于国内各产业之间在中国加入WTO后各产业的利益分配存在冲突，因此，必须维护好、协调好各个阶级、阶层的利益，促使社会的平稳发展，为了解决这个问题，必须制定相关的行政法律法规措施。

（三）构筑中国非关税壁垒保护体系

世界贸易组织在倡导贸易自由化的过程中，对非关税壁垒的使用作了诸多禁止性规定。可是它的思维模式则是用规则、规范来消除贸易中存在的障碍，但同时它的规则、规范还允许在贸易中进行合理的保护。这些保护的手段主要就是非关税性壁垒的措施。比如反倾销、检疫措施、技术标准、环境标准等等。许多国家特别是西方发达国家非常注重这些非关税措施的应用。因此，中国也应该在WTO框架范围内，巧妙地利用这些国际贸易中的保护措施，构筑起除关税外的非关税壁垒保护体系。

①加强对非关税壁垒保护措施的研究。要根据国际惯例和中国经济贸易发展的需要，对非关税壁垒保护体系的内容、结构、特征、出台时机、相互配合以及透明性等，进行全面、深入的研究。当前特别要加强环境保护措施、技术标准、安全标准的建立和实施，严防外国不合格产品、污染产品以任何形式进入中国。②加强非关税壁垒与关税壁垒措施的协调和配合。随着关税税率的下降，非关税壁垒的作用越来越大。中

国外贸易体制中关税和非关税的协调手段比较少，而且中国传统的非关税措施已不能适应目前的保护要求。必须抓紧时机制定既为世贸组织所允许、又起到对本国特定商品进行保护作用的新非关税保护措施。在这方面，政府采购、反倾销法等是切实可行而又极为必要的。

随着中国改革开放步伐的加快，特别是中国加入WTO过渡期即将过去，世界各国的贸易政策对中国的发展有相当大的影响，为应对世界各国贸易保护政策的攻势，中国必须结合国际竞争环境和本国实际国情、把握中国对外贸易的实质和方向制定一套正确的、有效的国际贸易政策，从而促进中国国际贸易进一步发展，推动中国经济的发展。

第二节　国际贸易方式创新

在整个世界范围内的市场经济都在高速进步，全球一体化进程也在高速融合。为不断适应全球国际贸易的新形势，我国的国际贸易只有不断走科技创新、方式创新的发展道路，才能紧跟国际贸易的步伐。不断追求国际贸易改革创新，逐步完善我国国际贸易创新方式，建成完善的国际贸易创新体系，确保我国的经济社会发展在严峻的国际贸易竞争中立于不败之地，赢取更多的发展机会。

一、当代国际贸易的方式创新

（一）电子商务技术的创新

电子商务技术在国际贸易发展进程中，不断将国际贸易成功推进到一个没有国家和无界限的领域，胜利破除了于不同国家和地区之间的存在无形屏障，推进了全球一体化的融合步伐。电子商务技术是通过提供网络运行平台，让各国的资源能够在不同地区取得最优化的分配，从而在国际贸易的发展进程中不断形成完善的市场机制，把市场机制在国际贸易的主体地位体现出来。同时，在这种电子商务技术不断完善下的经营模式，给消费者和生产者提供直接对话的平台，让他们能够直接表达供求，省去更多的中间环节，更近地为消费者建成一个全方位无死角的网络服务舞台。高科技的国际贸易方式是国家进步的必然结果，也是我国科技进步的完美体现，为我国的国际贸易发展提供技术动力。

（二）网络通信技术的创新

网络通信技术的高速发展和全面的推广运用，为国际贸易提供了网络贸易平台，更多的消费者和生产者可以借助网络平台进行直接在线交易完成，不仅可以降低成本，而且不受时间、地域、场所的限制全天候进行交易。随着网络通信技术的创新，网络交易逐步成为当前社会国际贸易最受欢迎的创新方式，这是科技进步成果在国际贸易中的完美结合。跨越了过去国际贸易中烦琐的销售链条，降低了高昂的贸易成本，在过去的贸易模式中，生产者必须不断地找代理商，其中的成本费用就会增加，经过网络贸易和物流网的不断普及，产品不在通过各种中间商家传导，而是直接与生产者进行面对面交流，面对面砍价，面对面了解商品性能，不仅节省了时间和中转的高昂费用，更减少了不必要的风险。现在的网络贸易已经在国际贸易方式中占据了很大的份额，完全替代了老旧的国际贸易方式，成为当代国际贸易的主力军。

二、对我国经济的影响

（一）不断增强我国经济和全球经济的进一步结合

当前的科学技术在不断地进步，国际贸易的方式随着科技进步也在不断地创新。网络时代的到来，逐渐打破了国家之间的地域、文化和语言的限制，这为实现地球村、全球一体化提供个有力的技术保障。想要不断地适应国际贸易的方式，就要不断地发展高新科技技术，推动我国的经济不断与世界经济进步相同步。

（二）不断增加我国对外贸易的发展规模

作为全球的贸易和生产大国，国际贸易方式的创新，不仅可以把我国的出口产品快捷地传送到全球各个国家，更可以省去原先贸易过程中繁重的人工运输和人力资源的成本，大大提高我国贸易产品的知名度和全球的影响力，进一步增加我国的对外贸易销量，加强与发达国家之间的沟通。随着全球贸易的不断统一完善，我国的出口产品占据我国经济的比例也越来越大，逐渐确立了我国在国际的经济地位。

（三）不断完善我国对外贸易制度建设

我国的国际贸易在方式上不断地创新改善，经济得到了高速的增长，但是在高速发展的同时，我国还要进一步完善对外贸易的基本制度，建立科学的制度体系。过去的国际贸易方式逐渐淘汰，那么，原来的制度也不能满足当前国际贸易创新的进程，所以说，国际贸易方式的创新不断督促我国建立完善的对外贸易机制，而对外贸易制度的不断完善也有效保护我国的国际贸易不受侵害。国际贸易的方式和制度相辅相成，共同进步，缺一不可。建立的国外经贸制度必须符合国际贸易方式创新的基本要素，顺应科技的发展，这也是国际贸易发展进步的必然产物。

当代国际贸易方式的创新充分结合可科技进步的成果，把全球的资源更有序地综合利用起来，不断为人们提供最方便和快捷的服务。为我国的国际贸易提供的发展的舞台，我国要紧紧把握机会，充分结合自身特点，不断完善改进国际贸易的方式，在创新中求生存，在改革中博发展，充分把我国的科技优势运用到国际贸易方式的创新中去，最大限度拉近和发达国家的差距，有效地提升我国在国际中的大国地位，不断促进我国的经济高质量发展。

第三节 国际贸易产品和贸易对象创新

一、国际贸易产品创新

近年来，中间产品贸易快速上升，出口贸易中的进口含量不断提高，对于整个国际贸易来说具有深刻的政策含义。

（一）国际中间产品贸易发展

1. 国际中间产品贸易发展基础概况

由于国际分工体系世界贸易性质已经发生了较大的改变，因此很多国际贸易标的物直接由中间产品构成，如果将国际化的产品生产过程看作是一个有序的产品系列活动，在原材料与最终产品之间的贸易形态就可被看作是中间产品贸易。

中间贸易具备较强的区域特征，主要集中在欧洲、北美、东亚等地区，亚洲相对于欧洲与北美，位置属于中间产品的净出口地位。而欧洲与北美之间，欧洲会从北美进口较多的中间服务产品，然后将中间货物产品进行出口。发达国家的中间产品贸易量要比发展中国家之间的中间产品贸易量大，区域内与区域间的中间产品贸易量相比，区域内的量级更大。

2. 国际中间产品贸易让出口商品的进口含量得到增加

产出表构建出的数据指标可以让出口商品中的进口含量得到计算，对国际垂直专业化分工工作进行更为精细的划分与度量，同时也让中间产品的发展水平得到测定。使用投入产出表可以让中间投入品与最终消费品得到划分，同时一些国家，例如OECD国家，在对投入产出表进行编制时，会直接将进口系数矩阵包含其中，让国内生产的中间投入品与国外中间投入品得到区分。

（二）国际中间产品贸易的政策含义

1. 对双边贸易差额实际意义

整体贸易差额与双边贸易差额相比，整体贸易差额的重要性更强，同时随着国际中间产品贸易的出现与迅速发展，双边贸易差额的存在感越发低迷。从现有的国际贸易统计方法上看，其作用实际上并不能让贸易产品的附加值得到精确反应，双边贸易差额的重要性此时比较容易被高估。

当前世界贸易的特征与过去相比，已经发生了较大的改变，不能度量贸易增加值的贸易统计制度，因此，我们对世界贸易的认识开始出现一些偏差，甚至开始曲解。这会直接导致贸易政策的制定精确性受到影响，因此当前最重要的是对科学计量贸易增加值统计方法进行开发，让贸易中的参与国可以以各国国内的增加值变化作为贸易统计的标准，让贸易政策的制定获得更为准确的基础信息参考。

2. 重新思考出口在拉动经济增长和提高效率方面的意义

从传统贸易角度上看，中件产品贸易与最终产品贸易的效益基本一致，都可以对国内的进口竞争部门产生较大的压力，同时具备福利改善作用。根据新贸易理论上的相关理论，中间产品贸易的认识可以转变角度，如从企业层面进行研究，对国外的中间投入品节能型进口，可以获得技术外溢效果，间接提升企业的生产效率，同时压缩企业产品生产的成本，这些外溢效果的获取能够让企业的边界得到扩展。企业在发展的过程中会将力量聚集在比自己更有优势的活动上，例如某个环节的生产活动，方便自身获得更多的利益。中间产品贸易可以让国际交易的寡占扭曲得到降低甚至直接被消除掉，故从这些角度上观察，中间产品贸易尤其是中间投入品在竞争方面的价值更高，尤其与最终产品贸易的作用相比。从产业与国家经济角度上看，中间产品贸易工作的开展可让市场竞争得到刺激，进而让最终产品的价格得到更为确切的降低，促进产品质量水平的提高，甚至促进整个国家经济层面的活动规格。

3. 重新评估国际贸易的稳定性和风险传导机制

中间产品贸易保护政策与工作的落实，会让区域一体化组织中的区域内贸易产生较大的破坏。同时需要注意的一点是中间产品贸易的区域性特征较强，欧美国家制定的反倾销、贸易自由区域政策等条例的出台，导致我国的产品出口遇见了诸多挑战，同时多边贸易谈判工作的开展难度也越来越大，每个国家，尤其是那些进口产品依赖度高的发达国家，推进区域贸易自由化的情绪逐渐高涨，中间产品贸易对贸易壁垒较为敏感，因此区域政策的引导下，中间产品贸易自由化会对区域经济一体化程度产生非常重要的影响。如此，中间产品贸易获得发展的政策方面的含义是需要一个国家的政策出台者对贸易便利化工作进行重视，同时积极推进本国在全球生产网络与区域经济一体化方面的重要作用，这对制造业中间产品进口贸易来说影响较大。

通过以上的文章论述，可以获得的结论是随着世界经济的快步发展与成型，中间产品贸易呈现出上升的趋势，出口贸易中的进口含量也在不断增加，所以会对国际贸易发展来说产生反作用力，新的贸易思考需要得到专业人员的重视。

二、国际贸易对象创新

国际贸易是个历史范畴，它是社会生产发展的必然结果。

原始社会后期，随着社会分工的出现，个别地区有了部落之间的商品交换。随着私有制的出现,产生了奴隶社会,部分产品作为商品在国与国之间进行交换,出现了国际商品交换的萌芽。到了封建社会,这种商品交换有所发展。奴隶社会和封建社会由于生产力水平低下,社会分工不发达,自然经济占据统治地位,因此,对外贸易发展缓慢,国际商品交换只是个别的、局部的现象,还不存在真正的世界市场,更不存在名副其实的国际贸易。

(一)以马克思主义为指导

研究社会科学必须以马克思主义为指导。马克思主义永远是指导我们进行国际贸易学科研究工作的强大理论武器。

辩证唯物主义和历史唯物主义是研究一切社会科学的方法。辩证唯物主义和历史唯物主义的各项原理也完全适用于国际贸易学科的研究。

(二)应遵循的基本原则

在辩证唯物主义和历史唯物主义方法论的指导下,研究国际贸易时应该遵循以下几项基本原则:

1. 历史与逻辑统一的原理

马克思主义国际贸易学科与资产阶级国际贸易学科的根本区别,首先就在于它能能动地综合国际贸易历史与国际贸易理论,也就是采用历史与逻辑统一的原则。马克思指出,在分析经济现象时,既不能用显微镜,也不能用化学试剂,而必须用抽象的方法来代替二者。历史和逻辑的辩证统一,是研究国际贸易的历史、现状和未来的方法论的基础。根据这一原理,我们在研究国际贸易问题时,既要注重理论的研究,也要强调历史的和现实材料的分析研究,把二者有机地、辩证地结合起来。

2. 遵循实践是检验真理唯一标准的原则

在研究中,应从国际贸易中的实际出发,实事求是地对国际贸易的历史、现状做出具体分析,要分析国际商品交换中的利益与矛盾及其表现形式,研究它们的运动和变化,防止僵化和片面性。国际贸易学科应以马克思主义为指导(但不能拘泥于若干现成的结论),继承和吸收各个时代、各个国家国际贸易理论与学说中的一切有价值、科学的成分;同时大量地占有资料,进行深入、细致、客观的研究,力求从理论和实践上说明国际贸易的变化规律。

(三)从生产方式出发,分析对外贸易的地位与作用

生产方式包括生产力和生产关系两个方面。国际贸易既然是国际各国货物和服务的交换,因此,各国对外贸易的性质、地位和作用取决于各自的生产方式。生产力是生产方式中起决定作用的因素。在国际贸易发展中,生产力的发展决定其发展的速度、交换商品的内容、贸易的利益、贸易的方式,同时,国际贸易也体现着各国的生产关系。在国际贸易学科研究中,不能只讲国际贸易中的生产关系,而不讲生产力对国际贸易

发展的重要作用和国际贸易对经济发展的反作用；同时，也不能以国际贸易对生产力发展的重要作用来抹杀国际贸易中的生产关系。

（四）坚持生产和交换辩证关系的观点

一方面，我们应当坚持生产决定交换的原理。生产是国际贸易的基础。马克思主义经典作家一再指出，经济科学只是在以生产为出发点，而不是以流通为出发点的时候才成为科学。但是不能由此得出结论说，在生产、交换、分配和消费等因素的相互关系中，后三个因素只是消极的和被动的。恰恰相反，其他三个因素对生产过程是有反作用的，有时会起着巨大的推动作用或阻碍作用。从历史到现在，国际贸易对一个国家的经济发展起着日益重要的作用。

第四节 国际贸易经营模式创新

一、多角化经营的含义

所谓多角化经营战略，是指企业向市场提供多种本质和用途不同的产品或劳务的一种发展战略。早在20世纪50年代美国经济学家海格·安索夫（Ansoff H.）就对此进行了研究。按发展程度的不同，它大致可以分为三种模式：一是主导型多角化。是指企业在坚持主导产品的基础上，有限地发展其他产品和业务，主要借助纵向一体化来实现。二是相关多角化。企业为了充分发挥现有的技术、市场等资源综效并以此为中心来发展与之相关的多种经营。三是非相关多角化。企业在多个不相关的产业领域中开展多种经营业务，生产的各类产品之间没有确定的联系。通过实行多角化经营战略企业可以实现资源共享、优势互补。

二、全球贸易背景下对我国企业开展多角化经营的分析

不同的多角化经营战略，其优势和所带来的效应也各不相同。一般而言，主导型多角化的主要优势是便于实行专业化分工，提高生产效率，保证生产的连续性和稳定性，并有助于强化企业自身所处行业中的竞争地位，阻止潜在的进入者，却难以回避行业性风险。相关多角化经营战略不仅可以充分发挥企业原有的资源优势，实现 1+1>2 的综合效应和不同业务的战略协同效应，还可在此基础上进入其他相关行业，便于分散行业风险。非相关多角化经营战略的主要优势在于投资风险分散效应，以及在企业内各业务之间实现资金、人才、信息等各种资源的全面、充分运用，最大化投资总收益。但这需要企业高层管理者具有很高的决策水平和综合管理水平，操作起来

具有相当高的难度。从经营效果上看，根据一项对西方国家189家最大的跨国公司1997—2000年销售利润率的研究可知，相关多角化经营的利润率最高，非相关多角化次之，主导型多角化又次之。

随着经济一体化趋势日益明显，企业核心能力对促进企业发展的决定性作用也越显突出，传统的经营战略理论已不能很好地解释企业经营中的一些问题，以资源为基础的竞争优势理论迅速发展起来。该理论以培养企业核心能力为主题，认为企业经营战略的关键是培养和发展能使企业在未来市场中居于有利地位的核心能力。在选择经营战略的过程中，企业应首先从考察现有资源和核心能力及其在不同的市场机会中的价值入手，只有建立在现存优势基础之上的经营战略，才会引导企业获得或保持长久的竞争优势。为此，它并不鼓励企业进入那些与核心能力缺乏较强战略关联的产业领域，而应更多地考虑自己的核心能力和资源，在自己拥有一定优势的相关领域经营，而不是简单地考虑利润等方面的市场吸引力，盲目进入其他领域。

三、对企业开展多角化经营实践的分析

企业开展多角化经营的实践也呈现出与上述分析相一致的趋势。如美国每年约有20%的中小企业倒闭，其中不少企业的前期经营效果都比较好。这主要由这些企业自我膨胀倾向严重、过分高估自身的能力、盲目从事非相关多角化经营战略所致。就大企业而言，早在20世纪70年代，美国、日本等发达国家以及韩国等发展中国家的企业曾纷纷采取非相关多角化经营战略，但终因导致了核心能力和竞争优势的严重削弱，乃至陷入财务困境而不得不放弃。20世纪80年代末，许多国际化大企业，如美国的苹果公司、通用公司、电报电话公司已开始逐步剥离经营失败的技术非相关业务，重新回归核心业务和相关性业务。

基于上述分析，本节认为企业选择多角化经营战略模式应遵循以下原则：除了比较分析各类经营战略的优势和效应之外，关键还要对企业自身所处的成长阶段、所处行业特点、所拥有的资源优势以及配置这些资源的能力进行准确把握。

四、倒逼机制下企业经营转型的路径构建

结合以上阐述，针对企业经营转型的具体路径如下所述：

（一）政府主导下的产业集群构建

不难理解，我国中小型制造企业的产业集群化路径，不仅能实现它们的技术互补，还能使它们获得客观的空间经济效益。然而，受到有限理性的影响，仅靠它们的利益驱动自主完成上述路径是不可想象的。因此，各级政府应在区域规划、制度供给、监管等多个方面进行引导。从而，实施政府主导下的产业集群构建。这里，政府主管部

门应把握这样几个原则：①在区域规划中，应遵循市场指向的空间选址原则；②制度供给主要通过税收设计来实现，应规避重复收税这一制度缺陷；③监管的目的在于维持产业内部的能量交换次序，应通过"声誉约束机制"来控制部分制造企业的机会主义行为。

（二）市场导向下的产能合理化

针对我国目前转变经济发展方式的大环境，以及后危机时期国内、国际市场需求特征，我国中小型制造企业应针对市场产品需求状况有弹性地确定产能水平。其中，应建立生产工艺编制与财务资金预算的联动机制。由生产工艺编制人员根据具体产能水平，进行前期资金需求的毛预算。在此基础上，企业财务管理部门根据企业资金存量与流量情况做出最终的资金预算决策。这里应注意这样两点：①财务人员应全面监管资金配置过程；②在资金预算中应设立资金追加机制，防止上游生产要素的价格变动。在此基础上，我国制造业便能在产能的合理控制下，完成对生产成本的优化控制。

（三）第三方导向下的流通成本控制

合理使用第三方物流（3PL）主要是针对控制制造企业的运输成本。将诸多流通环节的业务外包给3PL，已成为目前制造类型企业经营运作的选择。3PL作为社会物流，较易获得规模经济效益。在此背景下，更能降低中小型制造企业的物流运输成本。同时，以契约形式的外包能产生一种稳定的合作关系。即当其与某3PL企业保持长期合作时，该3PL企业将通过自身经营网络，主动根据中小型制造企业的需求向上游原材料供应商要货。这样一来，就增强了中小型制造企业对市场需求变化的应对能力。在此基础上，我国制造业的整体流通成本，以及市场适应能力也得到了提升。

（四）客户关系管理下的逆向供应链建设

强化逆向供应链管理，能改善制造企业与价值链上"中间商"和"终端消费者"的公共关系。根据市场营销学理论不难理解，公共关系（客户关系）的改善，将提升制造企业产品的品牌忠诚度。为此，企业在开展客户关系管理时，以区县为单位、以3PL为商流载体，来开展逆向供应链的运作和管理。在这里需要把握这样几个原则：①应通过下游中间商的协助在完成。如，由下游中间商的营销网点或其他部分，来完成对商品的回收。②正向与逆向供应链在线路设计上不应重叠。

综上所述，通过以上四个方面的工作，我国制造企业的生产经营状况将呈现出明显的优化效果。国家拉动内需的战略安排，为制造类企业提供了广阔的市场空间。然而，如何正确地抓住这一历史机遇期，我国制造类企业（轻工业）不仅需要从生产领域进行经营转型，还需从流通领域和客户管理中来开展转型工作。

五、当前企业经营转型中应关注的问题

不难看出,文章在探讨企业经营转型着重指向中小企业。众所周知,中小企业作为高科技企业、创新型企业的主要类型,其不仅支撑着国家创新战略的实施,还担负着提升我国外贸出口竞争力的重任。为此,笔者最后再针对现阶段的经营转型进行反思。

(一)资金融通问题

中小企业转变经营方式,面临着提升资本有机构成的要求。伴随着企业C／V比值的逐步提高,意味着企业的固定资产购置需求日益迫切。在其利润资本化进程依然缓慢的现状下,寻求外源性资金供给便成为企业的必然选择。然而,针对广大中小企业的融资渠道仍显狭窄;并且在当下金融宏观环境紧缩态势下,中小企业的融资难问题应成为学界和业界的共识。为此,我国金融机构需要在金融创新驱动下,来切实解决这一历史课题。

(二)技术帮扶问题

中小企业转变经营方式在于提升产品技术含量,从而走内涵式发展道路。从"产出／投入"比值来看,则体现为等量资金投入获得比以往更多的收益。若要实现这一目标,首先便须展开企业范围内的技术改造。包括:增强员工岗位技能的培训,以及先进生产技术、理念的引入。而这一切都须建立在各级政府的帮扶之下,才能圆满解决。笔者调查发现,不仅是用工问题困扰着企业,而且具备高技能水平的人才在企业里也相当稀缺。从而,政府应在这方面下功夫。

(三)政策扶持问题

从当前政府的制度安排来看,对于中小企业都制定出了扶持政策。包括:创新基金的设立、针对小微企业税收的减免等。然而,政府在政策制定上还应从促进它们形成造血功能着手。如,建立产、学、研一条龙的合作机制,则是政府扶持中小企业走出去的重要载体。而建立该载体,需要植根于政府所构建的长效机制中。

综上所述,以上便构成了笔者对文章主题的讨论。目前倒逼机制效果已经显现,各级政府应一此为契机切实推进企业经营方式的转型。

从宏观经济角度来看,企业经营转型体现为对经济发展方式转变的适应;而从微观经济视角来看,则体现为企业走内涵式发展道路的价值取向。当前国际贸易对企业经营影响表现为:海外市场萎缩、贸易壁垒增加、汇率波动频繁等。倒逼作用下,在宏观层面应构建政府主导下的产业集群;在微观层面应实现市场导向下的产能合理化、第三方导向下的流通成本控制、客户关系管理下的逆向供应链建设。

第五章 "互联网+"时代的国际贸易概述

第一节 互联网电商与传统国际贸易

一、互联网电商对传统国际贸易的影响

（一）电子商务改变了国际贸易信息流和物流以及资金流形式

1. 信息流

互联网本身带有不受时空限制的特点，所以商家可以通过互联网电商平台来扩大活动范围。买方和卖方在进行交易时，甚至可以不用见面，直接通过互联网就可以进行交易，能够降低交易成本。与此同时，在传统的贸易流通渠道中，有生产商和批发商以及多级代理商等很多内容，其中所包含的中介费会极大地增加交易价格，远远超过了成本价格。并且，模式的流动性并不好，方向也比较单一，会影响最终交易结果的。而互联网电商的出现与发展，可以改变物流模式，提升工作效率，优化物流模式。由此来看，在国际贸易中，互联网电商的发展能够降低流通环节的层次性，拓宽渠道，增强互动性。

2. 资金流

在传统的外贸活动中，支付方式的周期比较长，掺杂的手续也烦琐，所以，网络银行的应用与发展，对于互联网电商有很大的影响。现如今，资金交易活动可以在网络进行正常活动，为互联网电商注入了生命活力。在这一交易活动过程中，传统银行可以和互联网电商进行合作，根据快捷支付等方式进行付款。通过这种方法，客户不再需要去柜台办理业务，极大地节省了时间，为他们提供了更多便利。

3. 物流

目前，很多国家地区的物流服务在不断地完善，节省了运输成本，也提高了服务质量。在互联网电商时代下，传统物流模式有了很大的变化，很多企业开始利用互联网数据建立了虚拟仓库，将全国各地的仓库连接起来，不仅可以减少库存成本，也能为消费者提供更好的服务。并且，传统物流方式受到外界影响的程度比较大，而利用

互联网优化的物流,可以对整个物流过程进行监控和评估,并制定出合理的配送方案,提高物流配送质量,为顾客提供更舒心的服务。

(二)电子商务改变了国际贸易的营销模式

1. 整合营销

互联网电商的出现,传统的线下营销受到了影响,与网络营销进行了深度整合,建立了以消费者为中心的双向营销模式。在这种模式下,消费者可以与企业进行直接联系,也能及时掌握一些相关信息,并进行处理和反馈,使整个过程变得更有效率、更有保障。

2. 网络直销模式

网络直销模式是指,很多企业会直接利用互联网商务渠道,进行分销商品,在交易过程中没有中介网络,少了一些之间环节,增加了批发价格,为消费者带来更便利的购物体验。在这种模式下,能够加强交流的有效性,意思交流成功率。

3. 提高客户服务效率,增加收益率

在这种模式的影响下,可以提高客户服务效率,使相关部门能有更多的精力去调整与客户的关系,赢得更多老客户的支持,提升客户满意度。同时,利用网络数据挖掘和分析技术,可以提升个性化服务水平,为消费者提供更多选择,建立良好的客户关系。

二、互联网商务模式下企业国际贸易存在问题

(一)税收管理问题

通常情况下,在进行对外贸易的过程中,会涉及与出口产品和劳务相关的税收问题,增加了征税工作的难度。具体来看,对于商品销售和劳动提供等方面,每个国家会有不同的税收方案,在利用互联网商务进行对外交易时,很多流程都可以根据网络操作,会涉及很多物流企业等,所以很难给出税收标准。与此同时,随着互联网电商的出现,很多国家开始对税收管辖权有了新的争议,这就会产生许多新的问题。

(二)网络支付问题

互联网电商的出现,可以使国际贸易更为便利,但是也带来了一些风险和挑战。其中包含了技术水平不够、资金损失等,造成许多不堪设想的损失。并且,对于网络支付法律规律,我国的建立与完善进程也需要加快。此外,一些消费者在进行网络支付时,由于存在不安全的网络交易环境,会泄露一些个人的信息或是密码等,造成许多损失。

（三）企业缺少电子商务人才

从目前来看，我国许多互联网电商在进行国际贸易时，会缺乏相关的人才，网络人才、电商管理人才等。特别是那些国有企业，更是缺少这方面的人才，所以在进行电商活动时，就会出现不同程度的掣肘，阻碍了对外交易活动的顺利展开。

三、互联网电商时代提高企业国际贸易的相关对策

（一）建立完善税收法则

现如今，互联网电商的快速发展，我国需要加快建立相关的税收法律制度，并不断地加以完善，保证国际贸易活动的有序进行。通过完善的税收法则，可以推动互联网电商的发展，为企业发展提供良好的外贸环境。并且，也要加大风险防范力度，避免一些企业为了自身发展而做出一些不合法行为，侵害了国家的利益。具体来看，政府可以为互联网电商提供一些相应的优惠政策，鼓励他们进行对外交易，促进我国经济的发展。与此同时，还要加快实施互联网电商的电子征税活动，可以有效地减少税收成本，省去了很多复杂且繁重的人工程序，提高税收效率。

（二）提高网络支付环境质量

1. 严格审核和排查网上支付的金融机构

为了保证互联网电商的安全发展，降低贸易风险，一个良好的网络支付环境是非常重要的。所以，我国需要提高对相关行业的规范管理，不断进行正确引导。其中，对于那些具有网上支付资格的金融机构，我国需要加大严格审查力度，进行有效的排查和管理，提高网络支付行业的进入门槛。同时，对于获得了资格执照的金融机构，还要进行定期的风险排查，如果发现资格不够的机构，或是技术等方面存在安全问题的企业，要取消其资格，保证行业的安全性。

2. 提高交易人网络安全意识

在利用互联网进行大额交易活动的过程中，需要提高交易人的网络安全意识，因为这种情况下常常会有一定的风险问题。所以，交易人要比较全面地认识网络风险，正确看待风险问题，并拥有承担风险等能力。同时，当事人还要不断提高安全意识水平，对于网络支付有很强的警觉度，避免遭遇风险问题，保证自身的完全性。

（三）培养并引入电子商务人才

现如今，互联网电商在进行对外交易时，需要更多的网络人才作为支撑，不断优化电商模式。所以，企业需要为相关的员工展开定期培训，提高他们的工作水平。具体来看，企业可以邀请一些专家人士来为他们讲解相关的知识内容，丰富他们的专业知识，提升专业素养，使员工可以在营销管理中运用互联网电商思维。与此同时，企

业也可以采取一些有效的措施来吸引人才，建立良好的薪酬管理机制，完善职业晋升通道，为互联网电商注入新的活力，为团队的整体发展提供积极意义。

随着互联网电商的出现与快速发展，为我国企业的对外贸易活动带来了更多机遇，也提供了新的交易平台。能够有效优化以往的交易模式，完善活动流程，为交易活动带来了更多便利。但同时，在互联网电商的影响下，我国对外贸易也会遭遇许多问题与挑战。因此，我国政府需要快速完善税收建设工作，加大安全管理力度，为他们提供良好的政策支持。此外，企业自身也要有创新精神，树立互联网电商管理理念，提高安全意识，进而提升整体的国际竞争力。

第二节 互联网对国际贸易的影响机制

随着网络基础设施和软件协议的不断完善，互联网已经融入人类社会生活的方方面面，对社会经济的发展产生了巨大的影响。近年来，互联网的发展相当迅速。2017年，发展中国家互联网的家庭覆盖率为42.9%，而发达国家则达到84.4%。照此速度发展，国际电信联盟（ITU）预计2020年达到的目标将会提前两年实现。互联网的普及依托于网络基础设施的建设和信息技术的进步，因此发达国家的互联网产业发展速度比发展中国家更快。早在2005年，韩国的家庭互联网普及率就超过了90%，目前家庭网络覆盖率已经达到了98.8%，是世界上互联网覆盖率最高的国家之一。德国的家庭互联网普及率到2015年才超过90%，比韩国晚了十余年。德国的传统制造业具有世界级的领先地位，长期以来，实行严格的工业标准和质量认证体系，为此打造了过硬的德国制造品牌效应。而韩国制造在世界上的知名度远不及德国，但是长期以来致力于新型电子设备、通信技术和新能源产业的发展，在全球的网络化和智能化领域具有相当的影响力。由此可见，网络化、数字化和全球化将会是影响全球经济格局的新引擎。

中国的互联网产业起步较晚，2000年前后智能手机的推广使互联网的普及率迅速上升，2017年中国的互联网普及率达到54.3%。2008年金融危机打破了相对稳定的国际市场环境，随后各国经济的复苏以及互联网产业的崛起又为国际贸易提供了发展的土壤和机遇。2014年以来，中国乃至全球的贸易规模大幅下降，而互联网产业却持续增长。互联网促进国际贸易的增长是以大量的实证研究为依据的，但是这种促进作用却没有改变2014年以来中国乃至全球贸易规模的持续下降。本节认为，研究互联网对国际贸易的作用机制是解释这一现象的突破口，而且对推动传统对外贸易转型升级也有一定的借鉴意义。

一、互联网的特征

互联网诞生于 20 世纪 60 年代,发展至今已经连接了全球约 35 亿用户。狭义的互联网是指通过 TCP/IP 协议将计算机连接起来,形成逻辑统一的互联网。这时候计算机是能够入网的唯一客户终端。广义的互联网(即 Internet)是网络与网络之间所连接成的逻辑统一且巨大的国际网络。电脑、智能手机等智能化电子设备都是可以入网的客户终端。不同的网络用户通过申请专门的 IP 地址,建立独一无二的网页来共享信息。互联网本质上是一个信息共享平台,一切上网用户都能够在这个平台上进行信息创立、信息搜寻和信息互换,最终实现信息共享。根据工作内容和性质的不同,在互联网平台上开展的活动可以是为电子商务活动、在线政务活动、互联网金融活动以及科研和军事活动等。

(一)互联网是全球化的网络

全球化本质上是一个由科技进步带来的生产社会化程度不断提高的过程。互联网的全球化体现在用户遍布世界各地,以及对国外信息的开放程度不断提高。互联网的全球化带来的好处是通过检索关键词可以做到足不出户,却知晓天下事。

(二)互联网是一个虚拟的信息共享平台

虽然信息是通过现实的网络基础设施和终端进行共享的,但是承载信息的网络平台却是虚拟存在的。而平台上的所有组织和机构都不具有物质客体的形式,而是通过数字和图文构建而成。通过连接网络,智能客户端就能够在虚拟的信息平台上传递和交流信息。

(三)互联网是一个需求导向型平台

互联网正逐渐成为顾客通过社会互动进行价值创造的重要平台。互联网的需求导向体现为用户的个性化需要以及企业的精准定制。这都根源于互联网所搭建的信息共享平台给用户参与提供了便利和激励。

(四)互联网节省了交易费用

一方面,通过互联网交流信息跨越了时空的限制,节省了时间成本。通过互联网平台,产品供需双方可实现 24 小时不间断的网络交易,大大地拓宽了交易时间。另一方面,通过信息的高速传递和搜寻,减少了供需双方的信息不对称,加快了交易的速度。

二、互联网与国际贸易的结合

(一)互联网与国际贸易结合的理念

"互联网+"被定义为互联网与传统行业的结合,这种理念最早来自2012年易观第五届移动互联网博览会。"互联网+"是指知识社会创新2.0推动下的互联网形态演进及其催生的经济社会发展新形态。2015年十二届全国人大三次会议首次提出了"互联网+"行动计划,推动移动互联网、云计算、大数据、物联网等与现代制造业结合,促进电子商务、工业互联网和互联网金融健康发展,引导互联网企业拓展国际市场。

陈文玲和颜少君提出了"E国际贸易"理论的构想。"E国际贸易"是数字经济、共享经济、平台经济、信息经济和知识经济的综合表现形态,是建立在现代互联网技术、云计算技术所形成大数据流量处理能力的基础上,依托E国际贸易平台的共享功能,以数据的流量带动全球消费者和生产者、供应商、中间商集成产生贸易流量,形成的一种国际化、信息化、市场化、社会化、平台化和混沌化的全新贸易方式,是下一代主要贸易方式。互联网+国际贸易正在成长为当今国际贸易发展的一种新业态、新形势。

(二)新型国际贸易形式

互联网信息平台、跨境线上交易和跨境线上支付的结合产生了跨境电子商务。跨境电子商务是指不同关境的交易主体,通过电子商务平台达成交易、进行支付结算,并通过跨境物流送达商品,完成交易的一种国际贸易活动。跨境电子商务是一种新型的贸易方式,它依靠互联网和国际物流,直接对接终端,满足客户需求,具有门槛低、中间环节少、成本低和周期短等方面的优势,已在全球范围内蓬勃发展。

2014年7月,海关总署发布《关于跨境贸易电子商务进出境货物、物品有关监管事宜的公告》和《关于增列海关监管方式代码的公告》。从政策层面上承认了跨境电子商务,也同时认可了业内通行的保税模式,此举被外界认为明确了对跨境电商的监管框架;此前"6+1"个跨境电商试点城市开放给予了跨境电商税收上的优惠政策,即通过跨境电商渠道购买的海外商品只需要缴纳行邮税,免去了一般进口贸易的"关税+增值税+消费税";迎来了跨境电商元年。跨境电子商务与传统国际贸易的本质区别就在于它借助了互联网所创建的信息共享平台,产生了许多新的特点。跨境电子商务的优势在于商品和服务信息获取更加便利;企业直接面向全球市场;在线交易更加便捷;跨境网上交易批量小、频率高等等。

(三)跨境电子商务的类型

跨境电子商务的类型是由跨境电商的不同特征决定的。根据交易主体的不同,可以分为 B2B 跨境电商，如阿里巴巴旗下的 1688 全球购物网站；B2C 跨境电商，如天猫国际，网易考拉等；还有 C2C 跨境电商，如阿里速卖通等。按照经营商品的不同，则可以分为垂直型跨境电商（如专注于服装的凡客诚品等）和综合性跨境电商（如京东全球购等）。按照电商网站开发与运营主体的不同，又可以分为平台型跨境电商（如美丽说等）和自营型跨境电商（如沃尔玛全球 e 购等）。按照商品流动的方向，还可以分为跨境进口电商（如小红书等）和跨境出口电商（如兰亭集势等）。

三、互联网促进国际贸易的作用机制

（一）互联网深化了国际分工

互联网作为商务活动最重要的平台正驱动着全球化和个性化国际贸易的发展。跨境数据流动能够促进发展中国家和发达国家之间的数字化分工；而以电子计算机和互联网为代表的信息通信技术增强了生产工艺的可分性和生产者活动的专业性，使生产工程以外的产品设计、研制开发、质量控制、原料采购、成品推销等活动都可以在全球范围内实行专业化分工和组织协调，不仅创造了新的产业间分工，还深化了产业内分工。

（二）互联网节省了国际贸易的成本

国际贸易的成本是广泛存在的，第一类成本来自贸易政策，如关税和配额等；第二类成本来自市场环境，如不确定性、运输、保险、时间等。互联网主要是节约第二类成本。互联网所提供的信息共享平台使传统制造业和服务业在全球范围内销售产品与服务，跨越了空间的界限，也打破了工作时间的限制；不仅节省了大量的交通成本和时间成本，而且网络化所带来的信息高速传递还节省了信息搜寻成本和通信成本。另外由于反馈机制的建立和顾客参与社会互动所带来的信息共享减少了买卖双方的信息不对称，节省了国际贸易中反复询盘、议价的中间环节，节约了交易成本。依托于互联网的通信技术降低了国际贸易的成本，尤其是当两国贸易受到距离阻碍的程度越大，通信技术的发展对减少贸易成本的作用就越大。

（三）互联网扩大了国际贸易的市场

互联网信息平台促进了国际贸易新市场的形成。一方面，互联网促进了以大规模、定制化、快速创新，以及收集和使用消费者和市场详细数据为特征的新市场的形成。另一方面，互联网打破了时空限制，使国际贸易的各细分市场因组织类别的异质性而非地理原因产生，进而使得参与国际贸易的经济主体重新组织。互联网的发展和通信技术的进步潜在地拉近了组织或个人之间的距离，促进了新市场的形成。比如 Baye 和 Morgan 研究同质产品的广告竞争和价格竞争，发现当同质产品市场存在价格差异，而线上广告市场的进入费用低至所有消费者都进入互联网信息市场,那么广告费用超过社会最优水平时部分企业就进入互联网信息市场。

(四)互联网促进了国际贸易的便利化

互联网允许市场聚集与全球化,给商家和消费者达成跨境交易提供了便利。一方面是信息传递和处理速度加快;另一方面是互联网信息共享平台能够传播的信息是全方位的,语音、文字、图画、音频、动画……还有由电子商务发展所带动的物流行业的发展也是互联网促进国际贸易便利化的原因。网络基础设施能够影响经济体的创新能力,信息传播成本的下降使得新的技术设备的使用和推广变得更加便利。同时,电子市场还具有"聚集"功能,将交易者聚集在以互联网为载体的、虚拟的平台上,使产品价格和质量的信息更透明,减少了国际市场的不确定性。

(五)互联网提高了国际贸易的效率

互联网的发展降低了供需双方进入国际贸易市场的门槛,但是线上国际贸易的竞争是非常激烈的,供需双方必定懂得甄别,筛选出与自己最合适的对象达成贸易伙伴关系。因此互联网通过竞争机制提升了企业的创新能力,使参与国际贸易的企业不断改进效率。国际贸易还具有筛选企业的功能,只有生产率高的企业才会进入出口市场,生产率低的企业只能服务于国内市场,甚至退出国内市场,因此,国际贸易的开展迫使企业根据生产率优胜劣汰。互联网通过促进国际贸易的发展而提高了企业生产率。在互联网的推动下国际贸易的组织形式(虚拟企业)、流通模式(消费者有效反映ECR:麦德龙、阿霍德、可口可乐)、流通渠道(电子中间商)以及营销方式(网络营销)等都在进行着创新。而各行业通过互联网对不同发展阶段的经济体的企业生产率产生了正的溢出效应,吸收能力是互联网支持企业发展的关键。

总的来说,互联网对国际贸易的促进作用可以归结为降低第二类成本,马汴京2015年的研究证实了互联网对中国贸易成本的下降有显著作用。这也是2008年金融危机以后,全球贸易能够尽快恢复增长的原因之一。但是,国际贸易的成本中,来自政策的第一类成本远比第二类成本高得多。2012年以来,中国经济发展进入新常态,经济增速放缓,国家的发展重心由出口转向了消费。政府部门提出供给侧结构性改革和拉动内需等新的发展政策来应对经济增长下行的压力。国家发展战略和贸易政策的改变对互联网促进国际贸易的影响非常大。互联网给国际贸易带来的便利打破了传统国际贸易的市场阻碍,跨境电商、国际支付、国际物流等关联产业的发展和完善是支持国际贸易由线下向线上转型的必要保障。当贸易双方的互联网发展程度差异非常大的时候,互联网对国际贸易的促进作用是有限的,孟祺2017年的研究证实了这一结论。贸易伙伴国之间的网络基础设施和网络技术水平的差异减弱了互联网对国际贸易的积极影响。

因此,互联网的发展对促进国际贸易有积极影响是毋庸置疑的。在影响传统国际贸易发展的因素中，互联网可谓展示才露了头角，但是国家之间互联网基础设施和网络技术的差异成为阻碍互联网与国际贸易融合的重要原因。推动贸易伙伴国之间的网络基础设施建设与完善，以及双边或多边网络技术的衔接和跟进是未来中国可以努力的方向，这也响应了"一带一路"倡议"互利共赢"的目标。另外，国家的发展具有阶段性特征，在保障国内市场稳定运行的情况下，适当地对外开放对国际贸易和经济增长都会是一种双赢的策略。

第三节 "互联网+"对国际贸易的影响

信息时代的到来带来了很多新的机遇，各行各业都开始逐步"上线"，尤其是我国的国际贸易也采用了电子商务模式。由于我国的外贸方面的一些习惯性规则导致在外贸方面的电子商务模式迟迟未能展开。"互联网+"中国外贸发展带来新的发展机遇，互联网时代已经到来，依靠互联网的电子商务必将成为未来的发展趋势。依赖电子商务的贸易方式不受时间和空间的限制，交易各方使用网络进行传输和通信，可以为企业带来丰厚的回报。因此，在新的环境下，中国对外贸易能否做出良好反应尤为重要。

一、"互联网+"下我国国际贸易的现状

（一）"互联网+"改变了我国的外贸形态

在过去，我们大多采用当面结清，"一手交钱，一手交货"等模式完成商业运作。但是在新的信息时代，两个相隔千万里的人也能完成一次商业的运作。其原因最重要的部分就是通信模式的改变，更多方便快捷的通信手段进入生活，邮件、Email、新型通信工具等等既减少了沟通成本又节约了沟通时间。通过新的模式，国际的商业运作突破了时间和空间，及时性、便捷性成为交易的首要条件。新的支付方式也被运用到很多方面，在当前的"互联网+"时代，有更多种付款方式，例如最常用的电子现金、电子支票和电子信用卡等。

（二）"互联网+"使贸易对象不再限制

过去的模式规定死了交易流程，除了外贸本身的交易双方以外，一直有一个通过双方信息差来赚取双方雇佣费的中间商，有时候中间商甚至于可以占据成本的很大一部分，但是这样的模式是不利于贸易整体发展。新的技术开发以后，绝大部分信息对于双方都是公开透明的，交易越来越变得规则化，而众多的中间商也开始转型，成为一些服务商或者技术承接机构。过去的交易成本大大下降，更多的利润可以用于研发和服务，产品更加精细化，服务更加人性化。

(三)"互联网+"降低了国际贸易的经营成本

在传统的经营模式下，成本分为很多部分，除去基本的人力物力成本外，信息成本也十分可观。尤其面对国际之间的大宗贸易，交易是否符合不同国家规范，信息是否准确可靠，市场需求是否足够等很多问题都变得尤为突出。所以传统的模式下，国际贸易中信息差是一个非常严重的问题。除此以外，面对着动辄几个月的信息传递，信息的滞后性，准确性很多情况都不能保证。这些问题在采用新的技术后都尽可能规避了，成本显著下降，错误显著减少。新技术主导下的商业模式，最主要的问题已经不再是信息传递问题，并且将可观的成本节约并用于改进其他领域之后，公司竞争力显著增强，商业运转更加的合理。

(四)全球联动资源丰富化

信息化带来的另一个好处就是全球性的资源整合，原材料市场整合，劳动力市场整合甚至加工环境资源也会逐渐整合。劳动力成本低的地方转化为聚集性劳动力市场，原材料较低的地方逐渐吸引更多的资本流入。当全球的资源整合之后，整体成本进一步压缩，企业规模再一次扩大。随着信息透明化程度加深，更多的企业加入了资本的角逐中，产品更加细节化，竞争日趋激烈，给更多新型企业代开发展机遇，旧的企业不再具有垄断地位，由于信息差产生的高准入门槛也已经消失，有着良好企业特色与企业文化的中小企业开始逐步崭露头角。企业可以根据自生特点来生产产品，遵守相关法律法规，将自身特色带给全世界。

二、互联网背景下我国国际贸易存在的问题

(一)信息安全程度有待强化

电子商务有着流量、体量大的特征，所以传统的条件很多都不再适用于新型商务活动。我国由于进入市场较晚，很多规则本身有所缺失不够健全，再加上新型商业模式的冲击，很多问题日趋凸显。更糟糕的是，由于电子商务的扩大化规模，使得出现问题后的损失大得惊人，所以相关的规章制度需要及时完善。此外，由于信息技术本身的更新换代速度极快，所以本身技术漏洞以及产品缺陷都存在很多。这就导致了技术储备也成为国家战略的一大核心，在这个技术主导大环境下，很有可能部分技术的缺失带来了整体商业环境的崩溃。

(二)信息化人才缺乏

发展电子商务需要跨学科领域的复合型人才，既要掌握计算机技术，又要具备一定金融、商务素养。由于教育制度基础限制，我国的复合型人才缺口本身就比较大，当新的技术改革以及商业改革需要更多的人才加入时，这个问题就变得更加紧急。企

业本身的追求营利性质导致企业更多关注的是自身发展以及商品本身，而对员工个人技术发展没有足够重视。学校又缺乏与社会同样的竞争压力与改革动力，所以在本就不多的人才培养中又与企业要求发生"断档"，学院派学生动手能力不足，实际应用经验不够，容易出错，但是电子商务领域恰恰要求动手能力强、有处理突发问题的经验、容错率小的人才，因此，人才缺口反而越来越大，以致严重影响了我国相当一部分国际贸易中电子商务运转的质量以及总体电子商务发展规模。

（三）企业管理制度不够健全

首先，我国的外贸经济模式有着绝大部分都属于粗加工或者初步生产，本身在商务运作中属于较为弱势的一环。其次，长期的粗放式管理经营在与国外企业竞争屡屡失败，公司缺乏足够的经验与管理水平，尽管走出国门，但是只是依靠微弱的人力资源优势勉强立足，很难做出进一步扩张。初步走出国门对于业务以及相关法律法规都不够清晰，所以各项业务铺开都举步维艰，进一步发展无从谈起。最后，与其他发达国家相比，我国的经济贸易相关法律法规本身就有着很多问题。在新兴的电子商务方面更是几乎一片空白，立法进度十分缓慢，这也是导致很多时候公司出现问题的原因。

三、"互联网+"对国际贸易的影响

（一）推动国际贸易不断向全球化发展

"互联网+"的一大本质为解除市场临界点，打造出一个更为宽广的平台，创造出一个全新的虚拟全球市场。在"互联网+"时代背景下，依托互联网平台对不同国家、地区市场资源予以优化整合，构建起一个全球化的市场，进而推动国际贸易不断向全球化发展。

（二）推动国际贸易形成新格局

贸易本质上为交易，广义上，贸易应当是交易双方面对面开展的，随着互联网的迅猛发展，传统贸易格局产生了极大的转变。首先，互联网凭借计算机技术、通信软件、无纸化办公优势，大大转变了传统纸质贸易凭证的局面，切实缩减了贸易成本，并提升了交易的效率。其次，转变了支付方式，近年来，我国市场中涌现了各式各样的线上支付方式，并在诸多行业领域得到广泛推广，大大转变了以往以现金为主的支付方式。最后，计算机的普及，大大转变了以往较为单一的物流方式，摆脱了贸易所受时空的束缚，提升了企业的效率。

（三）推动企业提升自身创新能力

在市场竞争日趋白热化的背景下，企业要想在市场竞争中占据有利位置，务必要具备良好的创新能力。随着社会经济的不断发展，人们越来关注产品的高质量及个性化，为了提升企业市场竞争优势，充分满足消费者需求，要求企业要不断开拓创新思维，推出极具创新性的产品。而创新要得到科学技术、人才发展的有力支持，所以，企业在"互联网+"时代发展过程中，应当注重科学技术及人才的力量，强化高素质人才的培养，不断引入先进的科学技术，依托"互联网+"推动企业提升自身创新能力。

四、基于"互联网+"推进国际贸易发展的应对策略

在"互联网+"时代背景下，国际贸易相关人员应当紧紧跟随时代步伐，不断改革创新，强化对国内外先进发展理念的学习引入，切实推进国际贸易对"互联网+"影响的应对。对于如何进一步促进我国"互联网+"国际贸易的有序健康发展，可以将下述策略作为切入点。

（一）拓宽视野，推进贸易全球化

在国际贸易领域，企业视野开阔与否很大程度上影响着企业自身发展的方向。企业发展是无止境的，为确保企业发展能符合"互联网+"时代需求，企业应当在国际贸易全球化环境下不断拓宽自身贸易视野，切实明确国际贸易所受"互联网+"的影响，有效借助互联网平台的各项优势，确保企业在发展过程中迅速掌握国际贸易前沿信息，拓宽视野，促进企业不断向贸易全球化方向迈进。

（二）革新观念，适应国际贸易形式

"互联网+"对国际贸易的影响并非全部是正面的。例如，在"互联网+"时代背景下，我国一些企业因为长期处在传统贸易环境下，已形成了根深蒂固的传统贸易发展观念，所以新时代的到来，一时间往往难以革新观念，适应时代发展脚步。而倘若无法及时革新观念，势必会对企业发展造成不利影响。鉴于此，在"互联网+"环境下，我国相关企业应当提高认知，有效把握新时代下企业发展的各种机遇，借助"互联网+"各项优势，革新观念，紧随时代前进脚步，开拓国际贸易发展空间，适应国际贸易形式，不断促进企业的有序健康发展。

（三）推进国际交流互动，构建"互联网+"国际贸易标准

"互联网+"可摆脱传统进出口贸易在时间、空间层面上所受的束缚，为国际交流互动创造极大便利。随着我国"互联网+"国际贸易发展的逐步深入及贸易优势的不断显现，"互联网+"模式越来越得到众多国际贸易企业的青睐。于此期间，一方面，应当强化对国外成功"互联网+"应用经验的学习借鉴，推进国际领域的交流互动。由于我国互联网技术相较于西方发达国家落后，为了确保"互联网+"国际贸易实现有序健康发展，务必要强化国际领域的交流互动，积极参与国际相关的组织。另一方面，国家与国家相互间应当构建起全面统一的行业标准。为促进"互联网+"国际贸

易的有序健康发展，各个国家相互间应当依据"互联网+"模式建立全面统一的国际贸易标准，从而为各国国际贸易营造一个良好的贸易环境。与此同时，因为不同国家"互联网+"发展水平不尽相同，为了确保各个国家相互间"互联网+"的兼容性，应当构建健全国际信息共享体系，进而为各国国际贸易有序运转提供可靠保障。

（四）构建网络基础设施及国际物流体系，为"互联网+"国际贸易发展提供保障

互联网发展离不开网络基础设施的有力支持，随着互联网的迅猛发展，我国网络基础设施表现出一定的滞后性。因而，我国应当加大网络基础设施建设力度，进而为信息数据传输及"互联网+"在国际贸易中的应用提供可靠保障。就计算机技术而言，"互联网+"国际贸易要想实现有序发展，必须确保交易过程的安全，以调动起国际贸易企业坚持应用"互联网+"的主观能动性。同时，还应当提高信息开发能力，打造成熟的国际贸易电商平台，以为国际贸易企业经营发展提供良好的国际贸易环境。电子商务发展要得到物流行业的大力支持，国际贸易同样如此。"互联网+"使国际贸易流程得到极大简化，使国际贸易信息传递得到不断加快，使国际贸易经营成本得到有效降低。然而货物能否安全高效运转，势必很大程度上决定了国际贸易能否安全有序运行，物流环节出现任何差错必然会使得"互联网+"所具备的各项优势难以得到有效发挥。所以，务必要加强国际物流发展，构建起一套科学完备的物流体系，以实现对现阶段"互联网+"国际贸易模式的有效匹配，积极促进"互联网+"国际贸易的有序健康发展。

总之，近年来，"互联网+"在越来越多行业领域得到推广，对我国社会经济发展起到了至关重要的作用。在我国国际贸易发展中，"互联网+"同样发挥了不容忽视的作用。鉴于此，国际贸易相关人员务必不断钻研研究、总结经验、全面分析、清楚认识，"拓宽视野，推进贸易全球化""革新观念，适应国际贸易形式""推进国际交流互动，构建'互联网+'国际贸易标准""构建网络基础设施及国际物流体系，为'互联网+'国际贸易发展提供保障"等，积极促进我国"互联网+"国际贸易的有序健康发展。

第四节 "互联网+"国际贸易方式转变

当前时代属于经济知识社会，信息化和高新科学技术已然成为促使社会发展最为主要的一大动力，并且深入人们的生活和工作中。在这之中，互联网技术不仅仅给人们的生活和工作带来了极大的便利，打破了时空限制，并且还深入各个层面的生产建设中，对于社会生产力的提升有着很大的积极作用。在这种背景下，经济贸易活动不再受到时空限制，并且催生了电子商务经济。就当前情况来看，电子商务经济得到了非常好的发展，已经不只是局限于简单的零售贸易，而国际贸易也逐渐地朝着电子商务的方向前进。

一、"互联网+"下国际贸易方式转变的必然性

因为社会科技不断地发展，当前社会经济已经逐渐地从工业性经济转变成为知识性经济。就全球范围来说，互联网已经深入经济发展中，能够很好地降低经济贸易活动的成本。在这种背景下，各种电子商务经济不断地涌现，并且发展非常的迅速，已然成为当前经济贸易的主流形式，同时还是经济贸易活动未来发展的必然趋势。电子商务的飞速发展虽然极大促进了经济贸易活动的繁荣昌盛，不过对于传统经济贸易却造成了很大的冲击，尤其是在价格方面。在这一环境下，国际贸易同样受到了很大的影响，尤其是在全球范围内经济危机爆发之后，国际贸易进入了发展低谷期。

在"互联网+"时代下，国与国之间的距离被极大地缩小了，并且其还影响到了人们的思想观念，这种全新的思维模式已然成为一种新常态，将先进的互联网技术和优质资源有效结合，有助于开拓国内制造业的市场，带动国内制造行业更上一个台阶，并且在全球范围内更好地实现资源的优化配置。在这当中，引导国际贸易最为关键的一大因素就是信息，例如，物质的流动就完全离不开信息。从这里我们能够看出，在"互联网+"下，国际贸易方式的转变成为发展的必然选择。国际市场的需求决定了国与国之间的商品交换，有助于双赢局面的形成，因此，国际贸易即便受到各个方面的冲击，也不会被完全淘汰，反而会将各种先进技术有效结合，最终获得更好发展。对我国而言，积极地进行国际贸易的建设不只是简单地为了带动国内制造业的发展，同时还为了加强与国际的合作交流，从而更好地引进各种技术和新思想，促使我国社会经济水平得到进一步提高。

二、"互联网+"下国际贸易方式转变的有效措施

（一）推行电子商务跨境贸易

在"互联网+"背景下，要想促使国际贸易更好地发展，合理应用互联网技术是非常有必要的，以此来促使贸易方式更好地转变。具体可以通过互联网平台寻找合作商，拓展合作渠道，并且还可以直接应用互联网完成订单签订、发货以及收货等工作，同时还可以应用电子支付的方式结算国际贸易。相比较于传统的国际贸易，这种方式很好地打破了低于限制，使得人们在家里就能够在全球范围内购买到自己需要的商品，促使国际贸易的完成更加安全和便捷。互联网技术的推广和应用，很好地打破了地域方面的限制，而国际物流的发展则是能够很好地促使国际的商品更好的流动，使得商

品采购商和供应商不需要再考虑国家界限问题，进而有效地提升经济效益。

推动国际贸易朝着跨境电子商务的方向不断前进，能够使得国际贸易更为符合现代社会的发展规律。同时合理开展跨境电子商务，也能够促使国际贸易活动更加活跃和发展。在这一过程中，相关人员应该将互联网的优势充分地发挥出来，有效应用各种资源，促使全球经济更快发展。

（二）科学规划统筹，合理地进行国际跨境电子商务产业园的建设

在"互联网+"时代背景下，国际贸易所涉及的内容十分的广泛，所以需要联系多方面一起进行建设，只有这样才能够更好地促使国际跨境电子商务常态化和正规化的发展。在这一过程中，除了需求方和供应方意外，还涉及卫生管理条例、国际运输以及关税等方面。所以为了促使国际贸易更好地发展，需要科学地进行规划和统筹，合理地进行国际跨境电子商务产业园的建设，以此来为国际贸易提供更为全面的运输、生产以及销售等服务。除此之外，还可以和高校进行有效的合作，以此来为国际贸易方面提供更多高素质的人员。而在产业园中，还可以针对性地建设口岸和仓储设施，加强注重航空、公路以及铁路等基础设施的建设，进而为国际跨境电子商务提供更为全面的服务，有效解决传统国际贸易中的商品储存难以及运输难等问题，确保国际电子商务贸易能够更加顺利地完成。

（三）加强注重国际电子商务贸易的管理

管理对于国际贸易而言十分的重要，不论是运输环节还是生产环节，都需要有着合理完善的管理制度，这样能够保证各项工作稳定有序地开展，确保商品质量和提升生产效率。在国际贸易电子商务建设中，不论是国际物流运输企业还是制造企业，都应该加强注重企业管理的优化，不断地提升自身管理水平，并且还得注重这些管理制度的落实。除此之外，还需要明确各个环节的项目负责人，一旦发现问题应该确保有人负责，绝对不能出现"踢皮球"的情况，否则的话将会导致问题不能够第一时间解决，进而引发更大的问题。而要想更好地提升企业管理水平，那就绝对离不开综合全面性的管理人才。所以各个企业还需要通过各种措施吸引高素质高水平的人才。首先就是对外高薪招聘，帮助企业吸纳更多具备专业技能和知识的管理人才，例如和相关高校合作，这样对于企业管理队伍的建设十分有效。企业吸纳优秀的毕业生，不仅仅可以获得更多专业性的人才，并且还可以以较低的成本吸纳管理技术和知识，促使企业管理效率和水平更好地提升。然后就是对企业现有人员进行教育培训。企业现有的管理层员工主要存在着管理理念落后等问题，不过他们的经验非常的丰富，并且对于企业各个方面也比较熟悉，所以加强对他们的培训肯定会比对外招聘要好得多。所以，通过教育培训来提升企业现有员工的管理知识和技能，有效转变他们的管理理念，对于企业而言十分的有效，这样能够省去员工和企业的磨合步骤，对于国际跨境电子商

务贸易的发展有着极强的现实意义。

综上所述，在"互联网+"背景下，国际贸易的发展必定会和信息化技术和互联网技术等发生紧密的关联，使其变成国际贸易发展过程中必不可少的重要部分，促使国际贸易打破传统局限性，实现创新的发展，为促使全球经济发展和我国社会经济建设提供有力的支持和帮助。

第五节 供给侧结构性改革下"互联网+国际贸易"

党的十九大报告提出，基于过去五年的我国国家治理活动和我国国际参与活动，进一步落实和加强习近平总书记提出的"一带一路"倡议，同时，党的十九大报告明确强调了国际"共商共建共享"的全球治理这一重要理念的战略性。"互联网+国际贸易"新业态的出现与迅速发展，正是响应"一带一路"的伟大倡议、"共商共建共享"全球治理观和供给侧结构性改革的一个新业态形式体现和彰显。从国际层面上看，世界经济"后危机"时代的阵痛与我国国内经济进入"新常态"相互叠加交集，环境恶化与贸易政策的调整，特别是生产要素资源成本迅猛攀升，直接造成了中国对外贸易进入了增速回落阶段性的新常态，即"衰退式"增长。我国传统的国际贸易业态发展面临巨大的挑战压力，外贸供给侧结构性改革势在必行。

一、供给侧结构性改革与"互联网+国际贸易"新业态发展

（一）"互联网+国际贸易"新业态是外贸供给侧结构性改革战略新兴产业

国家提出的"供给侧结构性改革"的战略理念，其本质就是要从根本上大力推动经济发展，而供给端的生产资源要素就是"供给侧结构性改革"的一个抓手；"供给侧结构性改革"是顶层设计的一次强化，旨在通过改变不合理、不协调的产业结构，促进经济发展走创新驱动的优化升级路径。在此背景下，"互联网+国际贸易"新业态已然成为外贸供给侧结构性改革的战略新兴产业。

（二）"互联网+国际贸易"新业态是进一步深化外贸供给侧结构性改革的有力抓手与创新动力

相比较于传统的全球国际贸易旧业态，"互联网+国际贸易"这种新业态作为一种 Internet-based 的运营模式，具有很强的交易便利性、信息对称透明性以及方式多样化等特点。这使得"互联网+国际贸易"新业态有效突破了传统国际贸易的时空限制，已然成为一种全新的新时代国际贸易交易模式。这使得"互联网+国际贸易"新业态

成为进一步深化外贸供给侧结构性改革的有力抓手与创新动力,因为外贸"供给侧结构性改革"提出的目标就是要升级传统产业,实现外贸经济转型,要通过科技创新驱动,全面打造新兴优势产业。中国的传统产业和"互联网+国际贸易"新业态行业相结合,可以开创全新的"互联网+传统产业"的运营模式,真正实现线上网络经济与线下实体经济的O2O相互融合,利用"互联网+"科技优势,建立起全新的以供给端与需求端平衡发展的生产制造反应新模式。

三、"互联网+国际贸易"新业态发展趋势分析

(一)"互联网+国际贸易"新业态通过制度保障助力于外贸领域的供给侧结构性改革

我国当前的供给侧结构性改革强调从制度上和创新驱动上大力提高外贸行业的供给侧品质。通过外贸供给侧结构性改革,优化宏观层面上的制度供给和机制保障,宏观层面上的公共产品和服务供给端的优化,还直接降低了微观企业(外贸企业和制造业)的制度性交易成本,从而为"互联网+国际贸易"提供动力源泉。

(二)"互联网+国际贸易"新业态通过创新驱动助力于外贸领域的供给侧结构性改革

目前的"互联网+国际贸易"新业态出口的发展已经步入了"创新驱动Innovation Drive"阶段,我国外贸企业和制造业必须通过创新驱动自身发展,才能提升和实现我国外贸经济的持续健康增长。创新驱动可以更加充分有效地发挥我国对外贸易的内生增长优势,从供给侧入手,来彻底破解后危机时代对外贸易所面临的困境。另外,微观企业可以利用互联网平台,实现对社会资源要素的优化配置,借助"互联网+国际贸易"新业态,激发微观企业作为市场主体的一种创业创新活力。

综上,从外贸供给侧结构性改革的角度出发,宏观层面上为"互联网+国际贸易"新业态的进一步发展提供了有力的制度保障供给,而且宏观政策导向性更加明确清晰,制度建设持续有力加强。对于微观层面上的外贸出口企业来说,必须借力"互联网+国际贸易"新业态宏观层面上外贸供给侧结构性改革的制度政策供给东风,实现外贸企业的跨越式发展。可见,"互联网+国际贸易"新业态的发展趋势,将是提高外贸供给的质量,推动价值链上的跨境物流、海外仓储、网上支付、网络营销等新兴产业的进一步发展,最终实现外贸经济的转型升级。"互联网+国际贸易"新业态是服务于我国的"一带一路"顶层设计战略举措,是构建外贸供给侧结构性改革的新时代抓手与着力点,必将拓展我国供给侧结构性改革新时代的外贸领域的渠道与路径。

第六章 互联网与我国对外贸易发展

第一节 互联网影响我国对外贸易发展的理论基础

互联网和贸易相关的理论是分析两者关系的基础,也是进一步分析两者关系的逻辑起点。因此,本节从网络经济理论、交易成本理论以及异质性企业贸易理论的基础理论出发,系统归纳了互联网影响国际贸易成本、贸易信息成本,以及贸易模式理论基础。

一、网络经济理论

20世纪80年代以来,信息技术的发展和互联网的快速渗透以及应用带来了互联网经济的扩展。互联网在发展初期人们普遍认为其仅是一种改善交流的工具,但是现在已经转变为一种支撑所有行业的通用技术。更为重要的是,互联网的重要性与电力、供水和交通网络一样,成为世界经济的关键基础设施。基于网络的观点和思维视角研究社会和经济的问题是网络经济发展的重要方向,这种方向给人们带来了新的认识和发现。

(一)网络经济的发展脉络

对网络的理解首先是从实体网络开始的,如交通干道构成航空网络和运输网络等。随着互联网的发展,建立在互联网技术基础上的经济活动日益受到学者们的关注。对于网络的认知开始从实体网络转移为特指Internet相关的经济活动。Katz和Shapiro于1985年发表的一篇论文被称为是互联网经济研究的开拓工作。最早的网络经济概念是指实体网络经济,构成网络实体经济的产业主要为具有网络拓扑结构的特征的以公路、铁路为代表交通运输、电信等为代表的基础设施领域。但是,随着互联网经济在经济活动中的作用越发凸显,网络经济实际上是指互联网经济,是通过互联网进行的经济活动。由于以互联网为依托产生的经济活动涉及生产、消费、管理等各个方面,互联网技术和互联网应用渗透到社会生活的各个方面,因而对网络经济的概念和范畴,目前学界并没有形成一致的研究框架和经济理论。因此,对于网络经济我们可以从不同的层面去认识：从历史的宏观层面出发，人类文明经历了从农业经济、工业经济到网络经济的发展过程。农业经济注重土地和劳动力的投入，工业经济注重土地、劳动力和资本以及知识的投入，到了网络经济时代信息以及相应的基础设施成为重要的生产因素，货物流、资本流、技术流借助信息流产生新的生命力。

从产业的层面出发，网络经济就是与互联网紧密相连的网络产业。对网络经济的研究主要从两个方面展开：一是以产业经济学为理论基础研究的网络产业，这部分内容较为庞杂，本节这里不再进行扩展论述。二是以互联网为依托产生的经济活动为研究对象展开的。

从微观的消费者层面出发，Mossel 等明确指出信息和网络已经成为经济行为的重要元素。在微观层面对网络经济的研究也是基于两个方面展开的：一是基于互联网形成的虚拟市场出发，虚拟市场为数量众多又分散的微观经济活动主体提供了快捷有效低成本交易的场所和空间，在这个虚拟空间里，长尾理论得到尽情的发挥。二是研究网络经济中的信息和网络元素对个体行为决策的影响和最优化选择。其中张永林把网络信息元素纳入内生分析，借助"时间复制"和"时间自由化"的概念，建立离散时间复制经济模型得出以下重要的结论：在网络中的每个个体既是信息的产生者和消费者，又是信息的媒介和创新者。

在互联网的信息池中，信息不再是虚拟的存在而是物质层面的创新，物质流可以转化为信息流，实现物质的创新和存在。张永林在 2014 年的研究基础上进一步把互联网内化为市场经济活动的要素，并提出了"网络为经济活动创造时间和空间""互联网使得实体经济与虚拟经济统一"挑战传统经济范式的观点。周朝民指出信息经济、数字经济以及虚拟经济都是网络经济的表现形式，其中信息经济是网络经济之源、数字经济是网络经济的表现形式、虚拟经济是因网络而存在的非地理形式经济。网络成为信息经济、数字经济和虚拟经济的载体而构成的新经济体制结构。

（二）网络经济运行的逻辑

梅特卡夫定律、摩尔定律以及马太效应是网络经济运行逻辑，他们支撑了网络经济的运行。其中摩尔定律和马太效应是经验主义的产物。英特尔公司的重要创始人戈登·摩尔通过观察 1959—1965 年半导体工业的实际数据发展周期得到启示，并于 1965 年提出了摩尔定律：即计算机芯片集成电路上可容纳的元器件密度没有 18 个月左右就会增长一倍，性能也会提升一倍。摩尔定律的出现对网络领域的技术变革和技术竞争起着导向性的作用。摩尔定律背后是学习曲线（learning curve）的深刻体现。马太效应是指人类社会优劣势积累的有偏性导致"优者愈优，劣者愈劣"的强化效应。虽然在互联网诞生之前，人们在很多领域就已经发现了马太效应，但马太效应描述的是一种典型的正反馈机制，网络经济中企业所提供的产品尤其是服务产品具有显著正反馈机制特点。在国际贸易领域，以国际互联网为代表的网络结构，具有显著的外部性特点。外部性和正反馈机制对于理解网络经济至关重要。因此本节重点介绍网络经济中体现网络外部性和正反馈机制的梅特卡夫（Metcalfe）定律。

梅特卡夫（Metcalfe）定律可以表述为网络的价值与联网用户数的平方成正比，联网的用户越多，网络的价值越大，联网的需求也就越大。梅特卡夫（Metcalfe）定律指出网络具有极强的外部性和正反馈性。网络的外部性和正反馈机制，意味着边际效应递减规律不再生效，边际递增效应变得日益普遍。梅特卡夫（Metcalfe）定律用公式表达为 $I=EM2$，其中 I 是网络经济的规模，E 是常数，M 是网络节点数。

在梅特卡夫（Metcalfe）定律的支配下，网络价值存在随着使用者的增多而不断增值的特性。这种特性使得网络经济在特定情况下存在着边际效应递增的现象。因此，边际效应递增的正反馈和网络联动效应成为网络经济的动力机制。互联网技术的发展以及互联网在生产领域、分配领域、交换领域、消费领域的渗透，网络经济的外部性逐步扩散。

在网络经济中，信息流作为重要的生产资料，遵循上述正反馈机制，而货物流、资金流、人才流和技术流与新一代互联网技术、大数据处理和人工智能的结合下，在某种程度上也能实现正反馈机制互联网的外部性和对经济形态的融合功能，已经创造出超越传统经济理论的概念和资源配置方式。工业化时期所建立起来的许多理论与思维方式受到了严重的冲击。互联网经济呈现出与传统经济迥然不同的新形态，这种新形态在经济中的影响，为互联网对国际贸易的变化提供了前提和基础。经济呈现出与传统经济迥然不同的新形态体现在以下三个方面：

一是数据成为重要的生产资料，并且已经参透到经济活动的各个领域。生产力的增长更多地体现在数据的产生以及数据处理能力的提高，并以此为基础产生相应的创新和新的经济形态。马克思在《资本论》中有这样的阐述："各种经济时代的区别，不在于生产什么，而在于怎样生产，用什么劳动资料生产"。对资本、劳动、技术等各要素逐一分析可以发现，在互联网的正反馈机制和外部性的影响下，新知识产生与传播速度大大加快，市场的信息成本越来越小\作为对信息最敏感的资本在各部门间的流动速率不断加快；电子商务和人工智能改变着传统的劳动方式，极大地提升了劳动效率，技术革新的时间间隔在不断缩短。这些现象表明，新的科技革命正在促使生产要素加速变革和流动。对经济发展来说，移动互联网为其注入了新的资源依赖。对一个地区来说，经济发展不再仅仅依赖当地的存量资源，数据和信息这种流动的虚拟的资源已经成为一种发展途径或关键生产要素。

二是新的经济运行模式正在形成。移动互联网、大数据、云计算、物联网的出现，使得存量经济模式出现了分化，经济要素朝动态化、流动化的趋势迈进。互联网将买方的需求和卖方的供给转换成数据并整合在虚拟的交易市场中，通过大数据进行供需方面的匹配。因此,将"供"和"需"数据流量化,将所有的交易转换成数据流,是要素流量化得以实现的前提条件;产品和服务被数据化的程度越高、流动性越大,其交易成功的概率越大,整体经济效率也就越高。Kevin Kelly 指出我们以前的经济是建立在堆满实体货品的仓库和工厂之上的。这些实体库存仍然必要,但对于财富和幸福来说,只有它们已经不再足够。我们的注意力已经从实体货品的库存上,转移到无形产品的流动上。3 互联网、移动网络的日益普及和渗透加速了人们消费行为模式的转变。以电子商务 4 为例,2017 年我国电子商务交易额为 29.16 万亿元,同比增长 11.7%,网上零售额为 7.18 万亿元,同比增长 32.2%,电子商务的优势进一步扩大。5 与网上交易的规模持续扩大并维持高速增长态势相对应的是,消费者的交易模式和支付模式呈现信息化、网络化、流量化特征。

三是新的产业结构,在互联网与产业深度融合的背景下,跨界融合、产业整合、协同创新成为新趋势。在服务业领域,传统经济理论中服务业的不可分离性、不可存储性、异质性的属性受到挑战。江小娟指出,在高度联通的网络社会下,服务经济呈现三个新特点:一是规模经济显著,网络化服务使得服务的边际成本非常低;二是范围经济显著,大型网络化的平台可以最大化扩展经营范围;三是长尾效应显著,互联网的影响使得长尾效应发挥空间更大。以我国 2014 年成立的第一家民营银行微众银行为例,通过自身互联网优势服务于小微企业和普罗大众等长尾用户。移动互联网的全流程操作实现银行 7×24 小时全天候覆盖服务客服,互联网的普惠特点意味着无论你在哪里,只要能够连接互联网,就可以享受到同样的金融服务。在制造业领域,物联网和服务联网以及工业互联网概念已经深入融合到制造业环境中。德国工业 4.0 战略、英国版工业 4.0 战略的颁布,代表着制造业服务化的发展趋势。徐振鑫等(2016)提出工业 4.0 是实体物理世界与虚拟网络世界相互融合,在产品全生命周期内实现全程数字化、智能化与个性化的新型生产与服务模式。这种模式也意味着制造业中的要素存量逐步流量化,从而达到资源配置的进一步优化。

技术的变化导致经济增长规律的变化,经济增长规律的变化,引申出经济理念的变化。生产要素、经济运行模式和产业结构的变化以及数字经济、平台经济、共享经济等经济形态的崛起,改变了传统经济的运行规律。面对这些颠覆性的变化,主流经济学把互联网仅仅作为影响经济行为的外生变量的分析方法显然已经无法适应现实。在互联网的影响下新的生产要素、新的运行模式以及新的产业结构的产生和变革不断蔓延到对外贸易领域并挑战传统贸易理论和发展。

二、国际贸易成本理论

国际贸易的发生是建立在商品交换基础上的,商品交换和市场范围的扩展是基于交易成本和收益基础上考虑的。回顾历次技术革命对交易成本的影响，国际贸易的产品、规模和交易范围也发生相应的变化。因此，基于贸易成本理论的角度考虑互联网对国际贸易的影响尤为基础和必要。

（一）交易成本理论的基本内容

古典经济学是直接忽略市场交易的成本。因此交易成本理论的提出和发展是对传统古典经济学的重要补充和修正，它为分析经济现象提供了全新的视角。交易成本（transaction costs）又称为交易费用，是制度经济学的核心概念，最早由 Coase 年在其论文《企业的性质》中并未明确提出"交易费用"这一名词，但 Coase 明确地指出市场交易存在"经济系统运行的成本"，从而奠定了后续研究的基础。Arrow 在研究保险市场的非对称信息与市场失灵、逆向选择和市场经济运行效率等信息不对称问题时首次提出"交易成本"是市场机制运行的费用。科斯提出交易成本理论中关键思想的前三十年里，该理论并没有得到重视和发展。直到 20 世纪 70 年代的 Williamson 对交易成本理论进行的系统的整合发展，他是科斯的集大成者于 2009 年获得诺贝尔经济学奖。

Williamson 提出了交易成本理论的两个基本假设和三个基本维度。两个基本假设为有限理性（Bounded Rationality）和机会主义（Opportunism），三个基本维度是交易频率、不确定性和资产的专用性，它们是决定市场交易成本的高低的主要因素。Williamson 将交易成本分为事前成本和事后成本，并把交易成本细分为以下六个方面：①搜寻成本：在市场中对需要交易的商品信息及交易对象的信息搜集和筛选付出的成本。②信息成本：信息获取和交换的成本，尤其是当交易存在不确定性时，交易双方需要搜集更多的信息、增加更多沟通来降低交易的不确定性，从而增加信息成本。③洽谈议价成本：交易双方进行洽谈以及讨价还价，双方为确定产品交易价格进行的必要的谈判形成的相关成本。④决策成本：进行相关决策与签订契约以及内部洽谈论证所需要的成本。⑤监督成本：监督交易对象是否履约的成本。⑥违约成本：交易对象发生违约造成的相关成本。

关于交易成本的内涵，沈满洪和张兵兵进行了相关的理么梳理工作指出交易费用的内涵有交易分工说、交易合约说、交易维度说、制度成本论和交易行为说等典型观点。在 Goldberg、Joskow、张五常、杨小凯等学者的努力下，交易成本理论引进分工学说、不完全契约和知识产权等理念，交易成本理论的内涵得以拓展和发展。张五常从制度成本的角度扩展了交易成本，信息费用、监督管理费用之外的制度结构变化引起的制度成本也是交易交费，这个广义的概念意味着交易成本是直接生产过程和运输过程之外的所有成本。

交易成本理论是基于微观层面对企业的本质加以解释。交易成本理论解释了企业存在的原因以及组织如何选择恰当的交易模式。随着理论的发展，交易成本理论在发展过程中存在不断泛化的趋势，不同的市场交换活动就会涉及不同的交易成本，为促成交易而发出的成本都可以泛指交易成本。在国际贸易领域，交易成本是影响国际分工和世界市场重要因素，因国际贸易而发生的成本或者费用是衡量跨国商品交易活动发生的交易成本称之为贸易成本。

（二）国际贸易理论中的贸易成本

传统经济理论已经意识到交易成本对交易和商业活动的影响，介于当时的社会现实，他们对交易成本的观察和理解，直接体现在对运输成本降低对商业交易的影响的论述上。现代经济学的鼻祖亚当·斯密在《国富论》中论述了运输成本与商品交易的关系，并指出水运发展对于市场和劳动分工的重要作用。随后马克思在《资本论》中对运输成本做了进一步论述，即他指出"交通运输工具的改良，会绝对缩短商品的移动时间。""随着运输工具的发展，不仅空间运动的速度加快了，而且空间距离在时间上也缩短了。"此外，马克思论述了流通费用（circulation cost），即"资本停留在流通领域的时间是流通时间，而在流通领域产生的费用是流通费用"。马克思从宏观角度看待商品的交易成本与交易成本理论基于微观角度出发的观点有所区别。

传统国际贸易理论建立在市场是完全竞争、规模经济和零交易成本假设前提下进行讨论的，其潜在的含义是贸易双方直接交易，贸易发生不存在任何交易成本。但是现实经济的运行表明即便经济体之间有绝对优势、比较优势和要素禀赋优势的存在，因为信息不对称、运输距离以及交易洽谈而发生的一系列的贸易成本是影响国际贸易行为、规模以及范围的重要因素。以保罗·克鲁格曼为代表的新贸易理论把贸易成本引入模型，也称为"冰山贸易成本"，把商品的运输成本类比为冰山的移动，并确定了移动过程中造成的损失比例定义为运输成本。也就是假定商品抵达目的地的过程就像"冰山"的移动过程，过程中会"融化"损失一部分。以企业空间集聚力和扩散力的空间研究和相关计量成为近年来的研究热点，介于这部分不是本节的重点此处不再赘述。克鲁格曼把贸易成本引入主流贸易理论之后，随后在众多的贸易理论模型中，贸易成本逐步替代运输成本成为基础假设条件。

虽然贸易成本起源于运输成本的研究，但是和运输成本相比，贸易成本的内涵更为丰富。从运输成本到贸易成本，是一次重大的思想飞跃。运输成本是能够在实际经济生活中直接观察和计量的，它是一种肉眼可观的显性成本，而贸易成本的提法不仅考虑国际贸易中的外生的运输成本，同时考虑了贸易发生存在内生的隐性成本，如因为跨越国境交易因关境、语言差异和文化造成的更高的信息搜集成本、必要的沟通和交流形成的成本以及签约成本和监督成本等。贸易成本的提出为国际贸易理论赋予了现实意义。交易成本理论为贸易成本的研究提供了一定的理论工具，但是交易成本和贸易成本的内涵和范围存在显著的区别。交易成本理论是基于微观层级出发，强调研究交易或制度安排产生的费用，而对于国际贸易成本来说，"国际"两个字意味着商品跨越国境的交易，以及伴随货物流通和交易产生的信息流通、资金流通、技术流通、人员流通产生的费用和跨境所产生的关税。因此交易费用和贸易费用有交叉，但是狭义的交易费用并不能囊括贸易费用。

关于贸易成本的概念和构成，研究学者们从不同角度进行了阐述，并未形成统一的结论。其中在学界取得较高认同感的研究是 Anderson 和 Wincoop 提出的贸易成本的观点：贸易成本的定义是指将商品卖给最终用户所产生的所有成本但不包括商品本身的生产成本。贸易成本由政策成本和环境成本构成，具体为：运输成本（货运成本和时间成本）、政策壁垒（关税和非关税壁垒）、信息成本、合同执行成本、与使用不同货币相关的成本、法律和监管成本以及当地分销成本（批发和零售）。

综合国内学术研究成果，杨青龙把国际贸易成本分解为生产成本、交易成本、环境成本和代际成本，并提出国际贸易全成本的概念。张蕙、关利欣和黄薇等对贸易成本进一步总结，从贸易环节、贸易内容、贸易性质、贸易主体和贸易市场五个维度划分贸易成本，并从中观层面提出贸易成本是不同贸易环节和不同贸易要素流动上费用支出的总和，为贸易成本搭建了完善的体系。

值得关注的是，在探讨贸易成本的同时，和贸易有关的"距离之谜"（distance puzzle）也成为学者关注的重点。自从 Learner 和 Medberry 以美国和墨西哥的贸易关系为出发点揭示了距离之谜以来，距离之谜在文献中被广泛讨论。这个谜题简单地说，世界并没有变得越来越小，尽管贸易成本下降，但距离仍然是贸易的重要因素。Noblet 和 Belgodere 指出运输成本的降低有利于贸易量的增加，这种增加体现在国际专业化程度的提高，中间产品贸易量和贸易种类的增加，但是不断增加的协调成本（Coordination cost）又会成为贸易成本的新组成部分。因此，上下游企业之间的契约不完备性情况下的协调成本有助于解释贸易领域中的"距离谜题"问题。

（三）国际贸易成本中的信息成本

从古典贸易理论、新古典贸易理论以及后续的新古典贸易理论和新兴古典贸易理论主要从宏观角度解释贸易发生的基础和国际贸易分工合作发展的原因。上述理论在分析的过程中，依旧在传统经济理论中"理性人"假设条件下进行的。理性人假设框架下的分析是基于消费者的信息都是完备的，不存在信息不对称的问题，供给端的企业掌握市场和消费者的全部信息，因此交易过程中因为信息不对称造成的信息成本可以忽略。但是现实市场中进行交易主体面对的市场并非完备的，双方共同面临着不完全信息和不对称信息，这种非对称的信息的存在会造成交易中的信息缺失方遭受逆向选择、道德风险以及意外损失的风险。合同签订之前的信息在交易双方的有偏分布会导致市场出现"逆向选择"和"劣币驱逐良币"问题，合同签订之后交易主体借助信息有偏性为自己谋利会导致"道德风险"的产生。因信息分布的有偏性导致的市场问题反映了信息不对称造成的风险性。因此关于信息不对称理论的阐述以及解决办法，Arrow、Stiglitz 等 34 等学者在该领域进行了详细的阐述。国际贸易作为跨国境的商品交易，面临着更为严峻信息不对称的问题。贸易信息成本是贸易成本的一部分，通常情况下信息是内生的、复杂的、不易观察且不容易测量。关于贸易信息成本如何扭曲国际贸易行为，目前的研究还不是很充分，尤其是数据的缺乏严重束缚的实证层面的分析。但是通过回顾历次技术革命和国际贸易信息成本的关系，我们发现工业革命对贸易成本有直观的影响。工业革命前期，国际贸易成本体现为高运输成本，高沟通成本和高信息成本的"三高"表现形式。以蒸汽机出现和普及为代表的第一次工业革命迅速推动了陆路运输（火车）和海上运输（轮船）的快速发展，货物运输成本的大幅度降低使得国际贸易的范围在 19 世纪初进入快速扩张阶段。机器生产效率的提升下大宗商品实现规模经济进一步降低了运输成本，生产和消费得以分离，货物在全世界范围内流通和交易。因此，蒸汽革命影响下国际贸易成本体现为低运输成本、高沟通成本和高信息成本的"一低两高"表现形式；20 世纪 80 年代的信息技术革命影响下，电报、传真和互联网的发明，国际贸易中的协调工作变得越来越简单和便宜。此时贸易成本体现为低货物贸易成本、低沟通成本和高信息成本的"两低一高"表现形式。

　　Anderson 和 Wincoop 以及 Head 和 Mayer 观察到以运输成本和贸易关税为代表的直接贸易壁垒被认为是次要的，而因信息摩擦造成的信息成本为代表的间接障碍，在国际贸易和市场一体化中具有更大的重要性。Anderson 和 Wincoop 测算的贸易成本构成占比中，语言障碍成本、信息搜集成本以及跨国合约保障成本其实都属于信息成本的范畴。语言障碍问题的存在使得信息搜集和获取的难度大为提升，而跨国合约保障成本涉及法律制度问题以及跨国监督问题，本质上属于信息成本的范畴。

　　崔凡和宁丹虹提出国际贸易理论研究前沿中，贸易网络和贸易信息对贸易的影响成为研究的重点，他们指出以贸易中介为代表的贸易组织方式在互联网和电子商务的发展影响的变化也引起学者们的争议，并提出国际贸易中由信息障碍以及信息不对称等原因导致的信息成本是阻碍国际贸易的重要原因。信息问题对于国际贸易有相当大的影响，近年来在互联网和新一代互联网技术的影响下贸易模式和信息成本发生变化。Leuven etal 指出由于信息摩擦，国际贸易模式可能会发生扭曲，并借助挪威公司 2000-2008 年期间挪威公司采用宽带互联网的面板数据，借助引力模型实证表明采用宽带互联网使贸易模式对距离和经济规模更为敏感。值得关注的是，Steinwender 利用一个具有说服力的现实版历史实验来评估信息摩擦对单一价格和贸易规律的影响：1866 年连接美国和英国的横跨大西洋的电报电缆建成并投入使用，信息传播时间从 10 天左右突然下降到 1 天左右，这种变化为研究国际贸易信息成本提供了一个独特的背景。在此情况下 Steinwender 基于历史报纸数据论述了贸易流和信息流的关系：一是贸易流量受到信息获取情况的影响。在电报投入使用之后显著提高了信息获取的速度和准确性，平均贸易流量增加且变得不稳定。在信息流的影响下，更多信息增加平均出口，更多的信息使得预期的需求更加不稳定。二是信息流的有效可以使得贸易双方更好地遵循一价定律，快捷有效信息的取减少价格扭曲相当于取消大约 7% 的从价贸易关税。三是更好的信息有助于商家预测未来的需求，从而使各国之间的供求关系更加有效。

一般情况下，贸易信息成本是因为信息搜集的成本过高以及信息使用过程中的排他性造成的。尤其是贸易涉及跨越国境的问题，语言差异、文化差异以及法律制度的差异以及对消费者消费偏好和消费喜欢的差异等问题的存在大幅度增加信息搜集的难度，提高了信息搜集的成本。和本国市场相比，详细的信息搜集报告和市场报告是进入外国市场的基础。因此，了解信息摩擦的作用对决策者来说特别重要，因为减少信息成本的政策与减少运输成本的政策有很大的不同。这也是为什么近年来国际贸易组织和世界主要贸易国的政府逐渐重视并推进贸易便利化的发展，尤其是注重结合互联网技术在贸易便利化方面的应用，进一步降低信息搜集成本和交易的撮合成本。

三、异质性企业国际贸易理论

国际贸易现象复杂多变，技术的发展伴随着国际分工的形态、结构和组织形式的转变，贸易的方式、内容和范围一致不断地发展变化。贸易现象的发展推动着贸易理论的前进，进而从不同角度为上述提供理论层面的支持。古典贸易理论、新古典贸易理论以及新贸易理论已经从国家层面和产业层面对国际贸易行为进行了宏观性的解释。而总量背后的微观机理，需要借助异质性企业贸易理论中基于企业层面对贸易行为进行更为细致的描述，尤其是在国际贸易中跨国企业行为逐步成为研究的关注点。

（一）贸易理论脉络简要回顾

1776 年亚当·斯密在《国民财富的性质和原因的研究》书中批判重商主义的唯金银货物主义观的基础上提出了支持自由贸易的绝对优势理论，从而奠定了传统国际贸易理论的基石。随后李嘉图基于绝对优势理论提出比较优势理论，奠定了国际贸易理论的基石。绝对优势理论和比较优势理论又称为古典贸易理论，它们解释了国际贸易的发生基础，考察了贸易模式的决定因素以及国际贸易对本国经济的影响。在李嘉图的比较优势的理论基础上，赫克歇尔和俄林从多种生产要素替代单一生产要素出发，从供给的角度提出资源禀赋理论（H-O 理论），来探讨国际贸易产生的原因：比较优势产生的原因是各国生产要素自然禀赋的差异，该理论被称为新古典贸易理论。上述理论奠定了国际贸易理论三个不可撼动的基本假设：一是市场是完全竞争的，生产技术规模报酬不变；二是同一行业的生产者是同质的，行业内不存在异质性企业；三是各国从事的是最终产品的贸易，即每一种贸易品都是完全使用出口国的要素进行生产的。在上述三条经典假设下，贸易是宏观层面的分析，国家之间基于比较优势的差异和要素禀赋的差异，在货物贸易和服务贸易之间分工并进行专业化的生产。

但是贸易现象的动态发展呈现出的新现象削弱传统贸易理论的解释力，理论分析框架的演进通常由于经验研究中新发现的事物与传统模型的预测结果之间的差距所推动的。第二次世界大战之后，绝大部分国际贸易是发达国家与发展中国家之间的横向贸易，此外，大量的贸易发生在同一行业和同类产品之间，或者是同一行业同类产品之间的交换。传统的贸易理论的假设条件与现实情况存在着巨大的不一致，而且理论无法解释上述国际贸易的现象。在此背景下，国际贸易理论涌现出全新的理论分析框架，第一个完全竞争和规模报酬不变的假设被20世纪70-80年代出现的新贸易理论所动摇，以Krugman为先驱的新贸易理论的核心创新在于把不完全竞争和规模经济引入国际贸易中，通过建立模型解释产品具有水平差异（水平差异强调产品特性上的差异而不是质量上的差异）下的贸易，合理解释了资源禀赋和技术相似的发达国家和新兴工业化国家的产业内贸易蓬勃发展的新国际贸易现象，宣告了新贸易理论的诞生。

进入21世纪，国际贸易理论的分析单位的微观化产生了以Melitz的"异质性企业贸易理论"和Antris"企业内生边界模型"为代表的新新贸易理论，异质性企业贸易理论以微观的企业为研究对象，提出的生产者的异质性动摇了第二个假设。Melitz模型分析了企业生产率差异对国际贸易的影响，也标志着国际贸易的分析进入异质性分析时代。企业微观数据的可得性，企业的"个性特征"得以显现，异质性企业贸易理论的模型的假设条件进一步靠近现实，国际贸易分析的研究扩展到微观的企业层面和企业内部的组织结构层面，异质性和企业组织理论在国际贸易理论中的融合和发展进一步完善和扩展了国际贸易理论。

对传统贸易理论第三个假设的重构正在进行中，以全球价值链（Global value chain，GVC）为代表的生产组织形式，把生产过程分割成不同的生产环节，每个环节对应特定的任务，如设计环节、零部件生产环节、采购环节、组装环节、分销环节等。这些环节在全球各地分包，以实现资源最有效的利用。所以当前国际贸易中中间品贸易的跨国流动成为常态，而不是仅仅关注最终品的流动。

国际贸易理论在不断发展的过程中，虽然贸易研究的内容逐步从宏观经济内容向微观经济转变，但是其围绕的主线和核心没有变化，即解释国际贸易发生的因，分析国际贸易带来的利得，国际贸易的分工模式以及什么是最佳的贸易政策。因此，在互联网条件下，国际贸易理论的研究依然围绕上述主线来进行，但是值得关注的是，数字贸易和跨境电商平台的应用，为中小企业的跨境贸易提供了新平台，这为异质性贸易理论解释力拓展了新的空间。互联网平台经济的应用为全球价值链的进一步分工提供了工具，这为国际贸易的研究又开辟了新的领域。

(二)异质性企业国际贸易理论的内容

传统主流国际贸易理论的一个重要的经典假设是"同一个行业生产者是同质的"。这里的同质性是基于市场是完全竞争的,生产技术的规模报酬不变。因此在模型中行业内企业的只有全部出口和全部不出口两种情况。但是实际的微观数据表明行业内只有一小部分企业从事出口,从事出口的企业也存在差异,企业进入国际市场的方式有直接出口和对外直接投资的差异,这为异质性企业国际贸易理论研究提供了新的视角。Melitz 提出的异质性企业贸易理论在 Krugman 的垄断竞争模的基础上融入公司生产率异质性假设,此外企业还需要考虑进入市场的固定成本。"冰山"型运输成本以及企业出口需要支付额外的开拓市场的固定成本,该固定成本也称为出口额外固定成本。Melitz 认为出口固定成本和可变成本确定了企业的生产率阈值,企业的生产率水平与生产率阈值的关系决定企业是否出口。生产率低于出口生产率阈值的企业会主动放弃出口选择。和国内市场的成本相比,进入国际市场中需要额外支出的固定成本(FC)以及可变的贸易成本(VC),这对企业生产率水平有更高的要求,因此只有小部分生产率较高的企业能够从事出口生产。

因此,企业的生产率水平决定了企业市场选择的范围,同一行业的企业异质性意味着企业存在着不同的生产率水平,首先行业内生产率水平最高的企业具有高竞争力和高生产效率的优势,超过出口生产率的阈值的生产率意味着企业可以兼顾内贸和外贸市场,通过出口扩大市场范围,提升企业在行业内的地位。其次对于行业内生产率低于出口生产率阈值的企业,竞争力达不到出口的要求的水平决定了其市场范围以服务国内市场为主。最后,对于那些生产率在行业内处于垫底水平的企业将逐步被市场淘汰。

虽然异质性企业贸易理论虽然是从微观角度分析企业的贸易行为,但其微观化的视角和异质性的假设并没有完全脱离以宏观分析视角的古典和新古典贸易理论的分析范畴。基于企业的非对称性和差异性的假设下,异质性贸易理论进一步为行业内的企业出口选择行为提供了解释,出口固定成本和行业企业生产率的异质性假设为回答企业的出口选择提供了完备的又符合现实的工具。这为经济全球化条件下行业内资源的优化配置提供了理论依据,而且还进一步为企业产品选择的范围、出口产品的组合以及市场进入方式的选择优化企业生产率提供了理论依据。异质性贸易理论具有良好的可扩展性和广泛的适用性,强化了市场这只"看不见的手"的魔力。

当前,在互联网的影响下,国家经济网络连通性使得经济活动中可贸易的内容不断扩大,高度联通的经济环境和互联网平台在贸易领域的应用使得贸易的固定成本有所降低。因此,如何把互联网因素考虑到异质性贸易理论模型,以及互联网因素对异质性企业的出口选择产生何种影响以及这种影响在对贸易产生何种程度的变革成为贸易理论探讨的新热点。

(三)异质性企业贸易理论与贸易中介的融合

异质性企业贸易理论,又称新新贸易理论虽然把贸易行为的研究从传统贸易理论中的产业层面的深入细化到生产企业层面,为国际贸易理论的研究打开了微观层面的新视角。但是其分析并没有脱离传统国际贸易理论中"直接贸易"的假定,即理论默认一国的出口生产企业与另一国的消费者直接进行交易。在现实的经济运行中,生产者和消费者并不是在国际市场上直接交易(Casella 和 Rauch)。从企业生产率出发的异质性贸易理论依然存在忽略了贸易中介的作用的问题,并且高估了出口企业的"自选择"行为。生产率并不是影响企业出口的唯一影响因素,贸易中介所主导的贸易出口模式成为影响企业出口行为的重要因素。Bernard 等中介贸易与企业间贸易和企业内贸易共同构成了异质性企业贸易的三类形态。当前,随着电子商务模式的兴起和发展,尤其是以互联网与国际贸易直接结合为代表的跨境电商平台以及跨境互联网企业交易平台,作为一种新生的"贸易中介",打破了大部分文献对出口分析的局限性。在这种背景下,贸易中介在贸易理论中的定位、功能以及发展前景以及和互联网的关系成为争论焦点。

1. 生产率、中介技术与出口行为

异质性企业贸易理论已经证明生产率差异性是决定企业的出口行为的主要因素,生产率水平的差异决定了企业的全球化模式选择。但是过去 20 里来全球价值链的兴起给国际贸易的发展带来了巨大的变化,全球价值链生产活动在国际贸易中的比重不断上升。生产的链条化以及企业通过嵌入全球价值链参与国际贸易成为重要的现象。因此异质性生产理论中把生产率水平影响企业出口选择行为的唯一因素的观点的解释力存在局限,近年来互联网平台经济在贸易领域的应用对异质性贸易理论形成进一步的冲击。目前新兴经济体的企业通过在中低端环节嵌入全球价值链,参与全球贸易。Akerman、Blumetal、Ahnetal 等学者进一步拓展了生产率异质下企业出口方式的选择,并指出贸易中介的存在成为企业出口选择的重要因素,贸易中介技术使用改变了企业出口选择的门槛条件。异质性企业贸易理论忽略了垂直型分工方式影响下的企业参与贸易的组织形式和贸易中介对贸易门槛的影响。直接出口和间接出口对企业的生产率水平的要求存在差异性的观点冲击异质性企业贸易理论唯"生产率水平"论的解释力。

关于贸易中介的定义,最早由 Spulber 提出,贸易中介是其他领域的中介的职能类似,即通过撮合供货者和消费者的对接,或者协调供货者(卖者)和消费者(买者)的见面。贸易中介在贸易领域发挥三个方面的作用:一是借助自身的中介优势和社会网络优势减少信息搜寻摩擦,降低信息搜寻成本;二是借助自身的专业知识和"中介技术",在存在逆向选择和道德风险的不对称市场中,提供专业的知识和保障。

2. 贸易中介与信息摩擦

在理论层面,贸易中介有利于降低信息不对称所带来的搜寻成本,有利于企业的出口行为选择已经成为学者的共识。与国内贸易相比，国际贸易面临着更为严重的信息不对称。Antras 在其代表性文献中，在标准的李嘉图模型中引入贸易中介，讨论贸易的搜寻摩擦对贸易福利的影响。为了简化分析，模型假定贸易中间商负责商人和农民之间的交易，且在市场一体化整合的情况下，贸易中介会放大贸易收益。贸易的出口行为受到贸易双方信息分布的有偏性及谈判能力和相关信息成本的影响。

近年来学者从微观出口企业层面的数据，对贸易中介在国际贸易中发挥的作用提供实证层面的支持和验证。通过测算贸易中介占进出口额的比例发现，贸易中介在发达国家和发展中国家的进出口贸易额中占据重要的比例，对贸易便利方面发挥着重要作用。

值得关注的是，随着互联网技术的发展及普及，快速、高效的互联网在个人、企业和贸易领域的应用，以电子商务为代表的互联网中介在降低信息搜索成本，促进跨境交易等方面发挥着越来越重要的作用。电子商务技术提高了交易效率，企业可以借助互联网越过贸易中介进行交易直接和消费者进行接触，尤其企业借助跨境电商平台"赋能"，成为集制造、进出口以及联系消费者为一体的生产商和服务商，对传统贸易中介带来冲击。关于贸易中介的演化趋势问题成为学者们争议的点。

第二节　互联网在我国对外贸易领域的应用分析

互联网在贸易领域的直接应用是理解互联网和对外贸易关系基础背景。本节主要对我国互联网的发展状况和对外贸易的发展状况进行了分析和研究，以获得对我国互联网和外贸发展水平的直观认识。与此同时，本章重点介绍了互联网在中国外贸领域的应用情况，我国互联网与对外贸易发展的背景分析是本节把理论和现实结合的基本出发点。

一、我国互联网的发展及应用背景分析

以互联网为基础的现代通信信息技术正在深刻地影响甚至改变着企业经营、人类交流和国际贸易发生的方式和途径。2013 年我国货物贸易 4.159 万亿美元，成为世界上第一大货物贸易国。与此同时，随着互联网带来的爆发力以及快速的普及，我国已经成为互联网大国，截至 2018 年上半年，我国网民规模达 8.02 亿，互联网普及率为 57.7%（CNNIC，2018），互联网在经济领域的渗透作用进一步增强。中国拥有全球最大的互联网规模优势，在此情况下，分析互联网在国际贸易领域的应用非常有必要。

（一）我国互联网发展的现状分析

互联网的发展和应用是依托互联网技术的逐步发展而来的，回顾互联网历史是理解我国互联网的前提。互联网又称网际网络或者因特网、因特网，从直观上理解，互联网是连接一起的网络，将计算机网络连接在一起，在这基础上发展出覆盖全世界的全球性互联网络称"互联网"。互联网的诞生最早可以追溯到美国国防部于 196 年组建的阿帕网。从专业技术层面分析，互联网主要通过传输控制协议 TCP 和网间协议 IP 的联合使用，形成有效的动态的网络。借助 TCP 协议和 IP 协议数据被有秩序地分包并实现可要传输。随后互联网的民用化发展以及美国英特尔公司和微观公司计算机微处理器和操作系统的开发和应用，互联网对人类社会的影响逐步明朗。基于互联网的雏形，1993 年 9 月美国政府宣布开始建设"国家信息基础设施"，又称为全国数据高速公路，极大地推动了互联网的发展。

1. 我国互联网发展历史

20 世纪 80 年代既是全球互联网发展的关键时期也是中国接入互联网的起点。从 1987 年中国发出第一封 E-mail 开始计算中国接入互联网仅有 30 多年的时间。中国互联网发展历史上有两个时间节点值得关注，一是 1987 年 9 月 20 日，北京计算机应用技术研究所通过与德国卡尔斯鲁厄大学合作建成了我国第一个电子邮件节点，并向德国成功发出了我国第一封电子邮件，邮件内容为 "Across the great wall we can reach every comer in the world"。二是 1994 年 4 月 20 日，中国国家计算机与网络设施工程通过美国的 SPRINT 公司接入互联网的 64K 国际专线开通，这意味着中国真正实现与国际互联网的全功能连接。这一事件标志互联网的引入期结束以及中国互联网时代序幕的真正拉开。

随着国际社会对中国接入互联网的接纳和认可，自此中国互联网进入快速的商业发展期。抛开技术层面的考虑，网络已近不再仅仅是传递信息的工具了。国家在基础设施的布局和搭建，民间和商业层面的力量快速进入互联网市场，互联网已经成为社会经济活动的新基础设施，承载互联网发展的信息技术产业爆发出蓬勃的生命力，也是我国产业发展的新优势。如今网民规模的迅速扩张，中国互联网的经济价值和社会价值得到了全社会的认可。

2. 我国互联网基础设施发展情况

经过多年的发展，人们已经逐渐认识到，互联网已经不是简简单单的技术名词，与互联网有关的经济现象并不是传统经济在虚拟经济的一个简单的映射。互联网已经像空气、阳光、水一样渗透到生活的方方面面。面对互联网引领社会变革的能力，党的十八大以来，重视和发展互联网已经成为共识。近年来我国大力发展"网络强国"战略，把握信息化这一千载难逢的机会，在互联网国际出口带宽、网页数、网站数以及互联网普及率基础领域实现了快速提升，并成了基本的高速连接的网络环境。

(二)我国互联网应用现状分析

衡量互联网在经济领域影响力的重要指标是互联网在行业、企业和消费者之间的渗透和使用情况。对于行业和企业来说，借助互联网订单采购和销售的商品和服务总额成为衡量互联网在行业和企业发展水平的主要标志。国家统计局对我国各大行业的电子商务的应用水平进行了抽样调查，中国互联网络信息中心（CNNIC）每年发布我国企业和个人互联网使用水平的统计数据。这些统计成果对于了解我国互联网发展现状具有重要的参考价值。

1. 企业的互联网渗透率不断提高

电子商务交易额是衡量企业互联网使用水平的重要指标，国家统计局近年来对我国各大行业大中型企业进行了电子商务水平的测度。从行业企业分析，根据2017年《国家统计年鉴》中运输、邮电和软件业大类中的按行业分企业信息化水平及电子商务情况的数据。国家统计局抽样调查943843家企业，涉及国民统计的各个行业，本节选择能够重点代表互联网的使用和商业化应用的指标。

行业性质差异的存在导致互联网应用程度存在显著的差异。互联网在第三产业中普及和应用水平处于前列，电子交易活动占比最高的三个行业分别为住宿和餐饮业（32.3%）、信息传输、软件和信息技术服务业（27.4%）和文化、体育和娱乐业（26.8），互联网的商业化程度较高。第二产业中的采矿业和建筑业的互联网使用程度普遍较低，但制造业中每百家企业拥有网站数（个）和有电子商务活动交易占比（%）的数据在所有行业数据中分别排名第4和第5，第二产业中制造业的互联网使用情况处于相对较高的水平。

2. 个人参与互联网的经济活动呈现爆发式增长

中国互联网信息中心的报告对我国互联网的发展特征进行了全面总结，包括互联网的普及率情况、互联网的基础设施和配套资源的提升、互联网在电子商务领域、支付领域和娱乐领域的应用、互联网+政务的服务模式的发展和互联网技术领域突破共7个方面。目前，我国互联网发展呈现应用范围不断提升、应用规模不断扩展以及应用效率不断提升的特点。

面对互联网商业应用保持快速发展的趋势，个人利用互联网消费的方式已经从一般的网购活动转向消费方式多元化，线上与线下融合化发展态势。尤其是互联网服务领域的广泛渗透改变了传统服务行业低效率生产的成本病，服务业借助互联网实现空间的极大化和生产效率的提升（江小涓，2018）。互联网理财、互联网医疗、在线教育、互联网旅游预订等经济活动已经成为个体应用互联网的重要形式。

基于以上数据分析，我国在网络基础设施规模、网民规模以及网络经济规模均位居世界前列，中国成为互联网大国，形成了以用户规模和商业模式创新为特点的互联网大国优势。此外，在全球领域内以 BAT（百度、阿里巴巴、腾讯）为代表的中国互联网企业在国际上具较高的声誉。以网购为代表的消费互联网，中国的用户已超过 5 亿，2017 年的电子商务交易规模突破 29 万亿元人民币。总而言之，互联网在经济社会领域的全面渗透带来的影响力已经超越信息技术本身。

互联网已经成为影响我国经济和社会的重要力量，中国已经全面进入互联网普及化的社会。

二、我国对外贸易发展的现实分析

对外贸易也称之为进出口贸易，是衡量一个国家或者地区与其他国际和地区之间货物和服务的商品交换活动。对外贸易按照商品的流向可以分为进口贸易和出口贸易；按照交易商品的形态，可以分为有形商品贸易和无形商品贸易；按照交易的模式，可以分为线下贸易和线上贸易；按照交易商品的类型，可以分为货物贸易和服务贸易；按照交易国的不同，可以划分为不同国家和区域的贸易。为了客观分析我国对外贸易的发展现状，本节采用传统货物贸易和服务贸易两分法，对我国对外贸易额和贸易结构变化进行简要的回顾和分析。

（一）我国对外贸易发展现状分析

改革开放以来，我国一直把对外开放作为基本国策，对内改革、对外开放的政策支持下我国对外贸易取得巨大的发展。"改革开放 40 年的时间里，我国国内生产总值以年均接近两位数的速度增长。"2009 年我国成为全球第一大货物出口国，2013 年我国成为全球第一大货物贸易国。我国经济实现从农业大国到总量跃居世界第二、进出口额位居世界第一的贸易大国转变，成为利用外资规模稳居世界前三，对外投资规模跃居世界第二的净资本输出国。回顾历史，1978 年我国处于世界经济的边缘，GDP 规模占世界经济的比重不足 5%，对外贸易规模占全球贸易总额的比重不足 0.8%。2017 年我国 GDP 总量超过 80 万亿人民币（按年均汇率折算超过 12 万亿美元），占世界经济的比重为 15% 左右。2017 年我国对外贸易的规模为 4.1 万亿美元，占全球贸易总额的 11.5% 左右。

1. 我国货物贸易进出口

2017 年我国进出口贸易额为 27.8 万亿人民币，国内生产总值为 82.7 万亿人民币，进出口贸易总额占据国内生产总值超过三分之一（33.6%）。而 10 年前的 2008 年，进出口贸易总额占据国内生产总值比重为不到十分之一（8.5%）。近年来我国对外贸易的发展对我国经济增长起着重要的拉动作用。

2. 我服务贸易进出口

我国服务业对外开放已经有三十余年的时间，特别在近年来在政策的大力倡导下，服务贸易取得了持续的较快发展。但是与货物贸易相比，我国服务贸易整体规模偏小。2017年我国服务贸易进出口总额为46991亿元，为我国2017年货物贸易进出口总额的16.9%，占2017年国内生产总值的比重为5.7%。

中华人民共和国海关统计数据显示我国整体外贸依存度从2012年的45.2%下降到2017年的33.6%。外贸依存度下降既有外需萎靡的因素也有国内消费升级带来的内需拉动。十八大以来我国经济发展更加注重内生动力，但是在过去的20年中国服务贸易进出口额占GDP比重一直未能超过10%，而货物贸易进出口额占GDP比重常年保持在30%以上，特别在2000年以来一路上涨，在2006年达到64.89%。2008年在全球金融危机的冲击下数据受到影响，随后货物贸易占GDP的比重维持在40%~50%左右。虽然货物贸易对国民经济形成了巨大贡献，但我国服务贸易对于国民经济总量的贡献远小于货物贸易，显示出我国在服务贸易领域的竞争力不足的问题。我国在服务贸易领域的处境不利于扭转我国"世界工厂"地位，转变经济增长方式以及实现产业结构升级。

2017年党的十九大报告提出了"拓展对外贸易，培育贸易新业态新模式，推进贸易强国建设"，这是"贸易强国"首次出现在全党最高规格的报告中，是对贸易强国建设的最高定位。这意味着我国需要从数量扩展型的"贸易大国"向质量提升型"贸易强国"转变。一国的对外贸易的质量关乎其在国际经济中的地位，这种地位也是本国经济实力的体现，因此迈向贸易强国是我国实现高质量发展的必经之路。

（二）我国对外贸易发展存在的挑战

在经济全球化的发展背景下，我国对外贸易的发展不仅取决于自身情况，也受制于外部环境。近年来，我国对外贸易发展出现"乏力"现象，这与我国经济发展进入"新常态"后新旧动能转换不力有关，也与全球市场需求低迷世界经济进入长衰退阶段有关。

1. 从内部环境分析，中国外贸发展面临成本要素的挑战

从内部环境分析，改革开放以来，我国对外贸易活动在新古典贸易理论的支持下，凭借本国的充沛的劳动力资源以及丰富的自然资源，我国以出口劳动密集型产品为主，进口资本密集型和技术密集型产品。在这种理论指导下，20世纪80年我国制定了"两头在外，大进大出"的对外贸易发展方针，随后形成以加工贸易为主的贸易方式。2001年我国加入WTO贸易组织之后，面对国际市场的接纳和国际产业二次转移的外部机遇，我国依靠低成本的劳动力和土地资源、潜在市场规模、引进外部资源等后起发展优势，采用追赶型加工贸易发展模式，经过多年追赶成为"世界工厂"。当时我们的发展基础还较薄弱，经济实力不足，缺乏资金、市场、技术、管理等重要资源要素，在这种背景下通过加工、组装等低附加值环节"低端嵌入"全球价值链，成为

我国发展外贸的现实选择。经过多年的发展，我国虽然在全球价值链实现了一定攀升，但是由于长期处在价值链低端，我国大部分制造业企业不具备足够的服务化转化能力。近年来，中国企业面临生产成本上升的压力，随着土地、资源和环境等要素成本上升，中国企业在国际竞争中逐步丧失了成本优势。我国高度依赖资源与环境的产业和劳动力密集型产业面临生存困境，资本密集型、技术密集型和服务密集型的转型升级迫在眉睫。赵明亮和臧旭恒总结我国对外贸易的环境面临着国际贸易萎靡和价值链的低端锁定环境，一方面我国对外企业面临着国际垂直专业分工面临"代工自我丧失"和"创新主体缺位"，对中国国内贸易产生了负面影响。另一方面，面对当前分产业梯度专业的路径，已经不适应中国外贸的发展形势和中国国情，价值链分工细化和低端锁定使得中国价值链低端环节存在产能过剩和竞争激烈并存的问题。

2. 从外部环境分析，中国外贸发展面临着"贸易保护主义"紧约束

2008年国际金融危机以来，我国对外贸易环境面临经济和政治两个层面的影响。一方面，英国脱欧、特朗普力压希拉里当选美国总统、意大利修宪公投失败等一系列标志性的"黑天鹅"事件的出现标志着"逆全球化"浪潮的开端。全球贸易投资自由化进程明显放缓，当前一系列贸易保护表明"逆全球化"浪潮和发达国家的"再工业化浪潮"已经成为重要的外部环境约束，这对已经深度融入全球经济的中国带来了严重的挑战。以逆全球化为表现特征的贸易保护主义抬头，自2008年以来世贸组织（WTO）的数据显示世界贸易的增长持续下降，增长率从2011年的19.55%下降到2016年的–2.97%，2017年这一趋势稍有扭转但未来发展形势并不明朗。国际贸易增速的放缓，有世界经济低迷总体需求不足的因素，有周期性因素也有结构性因素，但总的来看全球贸易减速已经成为一个不争的事实。联合国贸易与发展会议数据库显示，受世界经济不景气以及贸易保护主义抬头的影响，2016年开始全球外国直接投资（FDI）出现下滑的倾向，2017年大幅度减少23%，在2015年达到峰值1.92万亿美元后，2017年的全球投资额回落到2013年的1.43万亿美元。

另一方面，美国以贸易逆差为由挑起了中美双边贸易摩擦，并以此为借口对中国外贸和投资采取了针对性遏制措施，使得中国对外贸易发展面临更为复杂的际环境。政治和经济都会对一国贸易产生影响，经济的影响是全面的和普遍的，而政治领域的影响速度快、破坏性强。2018年6月15日，美国总统特朗普宣布批准对500亿美元的中国进口商品征收关税，7月10日美国又公布针对中国2000亿美元的进口征收10%的关税清单。中国不得不采取了数量型和质量型结合的综合反制措施，中美贸易战不断升级。实质上，无论是从经济利益还是从意识形态角度出发，美国挑起对华贸易战的实质是美国战略调整来遏制中国崛起，并对中国至关重要的高新技术产业进行战略压制。美国在经济上采用组合拳，从投资、金融以及贸易等方式对中国全面施压，具有民粹主义的特朗普对华态度更是反复无常，中美关系未来走向的不确定性增

强。改革开放以来,中美关系经历了诸多变化,但近年来中美关系及其经贸联系的走向,有着更大的不确定性以及未来的不可预测性。美国作为中国的第二大贸易伙伴国,这种不确定的关系对中国的对外贸易发展带来了前所未有的挑战。

3. 从技术环境分析,中国外贸发展面临着竞争优势调整的挑战

从技术环境分析,低成本的劳动力不再是企业的竞争优势。历次技术革命不断地解放人的双手,机械化和自动化使得人类摆脱了单调重复的体力劳动。技术和科技发展的规律表明,发达国家自动加工装备技术正在逐步替代人力加工装配劳动,劳动力成本在总的生产成本中逐步下降,劳动力成本曾经作为重要的"比较优势"和"竞争优势"变得越来越不重要。尤其是当前智能制造和机器学习的技术应用是完全可以取代人工,提高生产效率,取代程度已经达到关灯工厂、熄灯工厂的程度。传统的自动化、机械化生产是人控制机器生产,而现在的智能生产是机器控制机器生产、机器之间的物联网系统使得企业做到无人自助生产。2008年金融危机后,美国提出了"再工业化"战略,德国提出了"工业4.0"发展战略,并辅以强化的国际贸易保护行动,以巩固和重新掌控原本在国际贸易领域中的领先优势。当前以美国为首的发达国家提出"归核化"运动的背后是机器完全取代人工的技术支持。因此廉价的劳动力成本不再是参与全球要素分工的比较优势时,我国对外贸易结构的调整和升级势在必行。裴长洪的研究表明全球价值链分工的格局已经基本定型,新一轮的深化有待于新的技术革命和产业革命的爆发。全球价值链分工的放缓的背景下,借助国际产业梯度转移的价值链升级的国际条件已经不具备。面对我国对外贸易处于转型升级的关口,找到提升我国对外贸易竞争力的突破口成为当务之急。面对严峻的内外环境的约束,我国对外贸易如何找到动力支撑,保持对外贸易量的基础并优化贸易产品成为研究的关键课题。

三、互联网在我国对外贸易领域的应用环境分析

通过上述分析,我们发现我国是世界第一大互联网大国,也是世界第一大货物贸易进出口国,互联网经济蓬勃的发展并不断在经济领域渗透,由此引入下面的分析,即互联网发展在我国对外贸易领域的应用情况如何,以及会对我国的外贸发展产生什么影响。

(一)互联网在我国对外贸易领域的应用的经济环境分析

根据中国互联网络信息中心(CNNIC)数据显示,2017年北京作为我国互联网普及率最高的省市,其普及率已经达到78%,我国互联网普及率最低的省份云南,普及率也已经超过40%。我国互联网和国际贸易的发展情况分析为互联网在我国对外贸易情况的分析提供了研究基础。

1. 我国"互联网+外贸"的背景

2015年3月份"互联网+"行动计划出现在政府工作报告中之后，同年7月份国务院出台了《关于积极推进"互联网+"行动的指导意见》，把"互联网+"迅速上升为国家战略，推动以"互联网+"为代表的新经济形态发展。其中行动指导意见的总思路中提出："顺应世界'互联网+'发展趋势，充分发挥中国互联网的规模优势和应用优势，推动互联网由消费领域向生产领域拓展。"随后党的十八届五中全会提出了"实现网络强国的战略"，习近平总书记也指出"互联网是20世纪最伟大的发明之一"，"要充分发挥企业利用互联网转变发展方式的积极性，支持和鼓励企业开展技术创新、服务创新、商业模式创新，进行创业探索"。

面对"互联网+"的机遇和我国互联网发展的优势，2015年6月10日国务院常务会议指出用"互联网+外贸"实现优进优出，借助互联网优势提升消费，培育新的贸易增长点。1 国务院发布了《国务院关于加快培育外贸竞争新优势的若干意见》（国发〔2015〕9号）第四部分中关于加快提升对外贸易国际竞争力中提出以下两条建议：一是加快培养新型贸易方式，新型的贸易方式主要是指互联网与贸易直接结合下的跨境电子商务的贸易方式，通过支持企业直接运用跨境电子商务或者跨境互联网贸易平台的结合，培养一批外贸综合服务企业。二是加快建设对外贸易平台，培育一批进口促进平台，发挥其对进口的促进作用。紧随其后，国务院办公厅发布《国务院办公厅关于促进跨境电子商务健康快速发展的指导意见》（国办发〔2015〕46号），提出："支持跨境电子商务发展，有利于用'互联网+外贸'实现优进优出。"互联网优势与制造业大国优势的结合下，"互联网+外贸"成为增加出口贸易量的重要渠道，也是提升出口竞争力的重要的贸易方式，更是为我国外贸转型升级提供了新的方向。

目前我国传统产业依靠"互联网+"实现转型升级，新兴产业依靠"互联网+"蓬勃发展，创新创业依靠"互联网+"不断涌现，数字经济、平台经济以及共享经济依靠互联网实现网络效应。国家高度重视"互联网+"的发展以及互联网在贸易领域的融合，"互联网+外贸"体现出外贸模式的转变和新的外贸优势的培育。

2. 我国"互联网外贸"的特点

本节从以下两个角度对互联网与外贸结合特点进行分析：一是互联网与外贸产品的结合，这既包括互联网与制造业的融合实现贸易产品的发展，也包括互联网影响下的服务贸易发展和变化；二是以互联网+外贸方式，即互联网的思维和技术与对外贸易模式结合，可以称之为跨境电子商务。

对于互联网与外贸产品的结合，互联网已经渗透到各个行业中，智能工厂和大数据为产品赋予新价值成为制造业领域的新现象。一方面，信息通信技术的发展为信息的瞬时高效流动提供了技术条件，而移动互联网的高度发展又保证了经济主体接收各类市场信息的及时性。另一方面，在物联网等新一代信息技术的影响下，制造业和服务业之间的界限被打破，两者的技术边界、市场边界和业务边界在制造品中融为一体，由信息服务、知识技术服务、数据服务等构成的科技服务内化为制造业的价值构成部分。从新一轮科技革命的角度观察，大数据、云计算、物联网、机器人、4D 打印、无人驾驶、无人工厂、生物革命、新能源开发，凡此种种，都意味着在制造业领域将出现一种我们已经很难预测的革命性、颠覆性的变化。借助互联网，企业内部创造价值和外部创造价值实现联通，借助互联网＋、物联网以及大数据产业，消费者的需求的产品和服务能够进一步被挖掘并可以顺利转化成果。

对于互联网与贸易方式的结合，互联网的发展和跨境电商平台的出现，推动了国际贸易门槛不断降低，国际贸易的贸易主体、贸易过程都发生了重大变化。中小微企业和个人通过跨境电子商务平台获得了平等参与国际贸易的机会，市场主体更加活跃，中小微企业和个人网商不断壮大。中国中小微企业数量近 4000 万户，其中中小外贸企业数量将近 500 万户，这些中小外贸企业完成了中国约 60% 的对外贸易总额。互联网的发展改变了企业间进行信息交流的方式，企业间信息交换效率的提升和交换成本的降低，有助于企业更加倾向于小批量和多批次的订购模式，以应对消费者需求的变化并降低库存成本。此外"互联网＋外贸"对贸易形态的变化体现在跨境电子商务的应用，可以削弱贸易中间商的作用，减少贸易交易的环节。跨境电子商务不仅为国际贸易提供了交易平台，还提供了支付结算、运输、售后等相关服务。因而通过跨境电子商务完成的国际贸易活动实现了信息流、商品流、资金流的高度统一。突破了传统贸易的中时间和空间对双方交易的限制。

3. 我国"互联网外贸"的趋势

2017 年我国跨境电商业务在 B2B，B2C 等多个方面均呈现出活跃发展的态势，不断培育贸易新业态、新模式，释放外贸增长的新动力。中国海关统计数据显示 2017 年经中国海关办理的跨境电子商务进出口清单达 6.6 亿票，是进出口货物报关单的 8.4 倍。与传统贸易相比，跨境电商具有小批量、高频次的特点。2017 年中国海关验放的跨境电商零售进出口额为 902.4 亿元，同比增长了 80.6%，其中出口为 336.5 亿元，进口为 565.9 亿元，近三年中国海关跨境电商零售进出口额年均增长率在 50% 以上。这与传统对外贸易数据表现疲软的态势形成了鲜明的对比。

我国跨境电子商务贸易业务覆盖全球 220 个国家和地区，在欧洲、美洲、大洋洲等地区的国家，跨境电子商务的规模和增速不可小觑，其中我国与美国的跨境电子商务交易规模增速在 50% 以上。互联网普及和使用基础上的商务活动的规模增长，成为对外贸易的新动力。为跨境电子商务的发展提供相应的制度安排和法律保障，我国相应制定了跨境电子商务发展的战略推动其进一步发展。

根据中华人民共和国商务部发布的《2017 年中国电子商务报告》，2017 年中国跨境电商零售进口来源地排名前十的经济体分别是日本、美国、韩国、澳大利亚、德国、新西兰、荷兰、法国、香港、英国和中国香港。中国跨境电商零售出口目的地排名前十的经济体分布是中国香港、美国、俄罗斯、韩国、英国、法国、澳大利亚、日本、加拿大、爱沙尼亚。近年来，中国跨境电商中的B2B业务在欧美地区取得了长足的发展。其中，以北美洲的增长最为显著，面向美国、加拿大的跨境电商交易额增长率均在50%以上。在欧洲地区，电子商务对我国出口贸易的促进作用也日益增强，西班牙、德国、法国、荷兰等国的跨境电商交易额年均增速均超过30%。在大洋洲，澳大利亚、新西兰是跨境电商的主要出口国。

（二）互联网在我国对外贸易领域的应用的政策环境分析

互联网在我国对外贸易领域的应用涉及一系列配套政策的支持。互联网在外贸领域的应用涉及网络交易，这比普通的国内网络交易更为复杂，涉及跨境人民币结算、网络信息服务以及通关跨境等。因此互联网在我国对外贸易领域应用的政策支持，本节从互联网和贸易相关的配套政策的支持和直接针对外贸新业态的政策支持两个方面进行梳理。

1. 相关的配套政策的支持

互联网的发展离不开政府政策的支持和鼓励。我国为了鼓励互联网的应用，从2000年开始不断完善相应的法律政策，围绕互联网交易主体和互联网交易环境两个方面出发，为互联网交易提供了完善的交易法律制度。

2. 直接针对跨境电商的政策支持

自2012年8月商务部颁布《关于利用电子商务平台开展对外贸易的若干意见》以来，我国多个重要部门相继颁布相应政策，明确对跨境电商的支持态度。面对跨境电子商务快速发展的趋势，离不开政策层面在制度的规范和引导作用和相关支持环节如税收、支付、通关、海外仓、检验检疫等方面配合。

跨境电子商务是互联网时代商业模式创新的一种具体表现形式，国家政策层面的支持和企业层面的应用使其呈现迅速发展的态势。从政府角度看，跨境电子商务是培育我国外贸新优势的手段，是未来贸易形式的重要组成部分。从企业角度看，跨境电子商务是企业进入或者扩展国际市场的重要工具。

第三节 互联网影响对外贸易的动因分析

目前，我国已经深度融入全球经济中，我国对外贸易的发展不仅取决于自身的情况，也与全球贸易发展的趋势息息相关。在全球经济增长平缓态势下，全球互联网领域突破创新和应用呈现爆发式增长，尤其是结合大数据、人工智能、物联网、云计算等新技术的影响下，互联网对经济的作用更为凸显。在全球贸易和投资增速放缓、贸易保护主义抬头的大环境下，越来越多的国家和地区推出了互联网战略，把建设高速、普惠的互联网作为提升国家竞争力的重要手段。互联网的发展对经济的贡献和生产力的提升已经得到各国的共识。

本节从动力支撑、技术支撑和应用支撑来阐述互联网影响国际贸易的动因，将互联网的发展情况与国际贸易的发展变革趋势相结合，从国家层面、企业层面、消费者层面阐述互联网影响国际贸易的基础动力，从技术和平台层面探讨了技术支撑，最后结合互联网对国际贸易趋势和贸易价值链的应用出发，勾勒出完整的互联网影响对外贸易的动因分析。

一、互联网影响对外贸易的动力支撑

近年来，我国提出了"宽带中国""互联网+""网络强国"等战略。这些战略不等同于强调以互联网为代表的相关产业规模在国民经济中所占比例的不断提升，更为重要的是借助互联网的发展，把互联网革命转化为互联网红利，充分利用我国互联网的战略优势、规模优势，积极推动我国传统产业的转型升级。《国民经济和社会发展第十三个五年规划纲要》（以下简称《"十三五"规划》）首次把"拓展网络经济空间"单独列为一篇，提出"实施网络强国战略，加快建设数字中国，推动信息技术与经济社会发展深度融合"。互联网与经济社会的融合已经引发生产组织方式、产业组织形态和商业模式的变革。借助互联网进行实现变革和升级成为互联网影响我国对外贸易的基础。

（一）国家层面：对互联网战略重视

在工业经济时代，经济活动是建立在物理基础设施之上的，如铁路、公路和机场以及围绕上述项目的基础设施。在互联网经济时代，将"铁—公—基"的基础设施建设转换为"云—网—端"的建设，以计算机、互联网、宽带速度为新的基础设施投入。互联网数据中心预测，到2025年，全球将创建163ZB的数据（1ZB=1万亿GB），相当于2016年所产生的16.1ZB数据的10倍。

1.各国政府重视互联网战略

在实践层面，信息化和网络化在实践过程中对经济、政治、文化的影响作用越来越凸显。互联网的发展水平已经成为一国的软实力之一，是其国家竞争力和未来发展潜力的重要指标。互联网深刻改变了全球经济的发展格局，加深了各国在经济上的联系，推动了经济全球化的进程。互联网成为信息传播的新渠道，生产生活的新空间和创新发展的新引擎。对外贸易、投资、金融制度的完善和互联网的兴起和普及，使得各国有机会通过参与全球国际分工实现经济发展。

信息化为中国经济的发展带了千载难逢的历史机遇，作为互联网大国和贸易大国的中国高度重视互联网的发展。党的十八届五中全会提出了"实现网络强国的战略"。

作为互联网的诞生地的美国，一直非常重视互联网的发展。2011年5月16日，美国发布了首份《网络空间国际战略》，论述美国如何在日益繁荣的网络世界保持繁荣增进安全和保护开放。在序言中，时任美国总统奥巴马指出："通过互联网，一个美国公司可以在世界任何地方开展商业互动，为美国人提供无数的工作机会，一个非洲乡村的母亲可以将手工艺品卖给一个拉美的家庭，一个欧洲的实验室可以使用亚洲制造的硬件和北美编写的软件指导空间变换和研究，而且澳大利亚和中东的学生可以通过视频会议一起学习。"

2018年9月20日，美国国防部发布《国家网络战略》，强调维护美国在网络科技和网络空间发展中的影响力。英国、法国、德国、俄罗斯、印度等国家都制定了网络和信息化发展战略，并设立专门的机构执行。2017年的《OECD数字经济展望》指出，信息通信技术是全球创新的主要动力，世界各国政府都看到了数字变革刺激经济的巨大潜力，纷纷制定国家数字战略。数字变革正在改变科学界、政府、城市以及卫生和农业等领域，贸易环境得到重塑，尤其是服务贸易改变最大。

2. 互联网成为经济转型升级，提升贸易竞争力的重要因素

当前，互联网由消费领域、虚拟经济向生产领域、实体经济领域深度拓展，工业经济向网络化和智能化转型，互联网创新发展和新工业革命形成历史性的交汇。互联网成为促进传统产业转型升级、培育新技术新业态新产业、实现高质量发展、提升产品价值链的重要引擎。互联网经济不仅仅是一个独立的产业，更为重要的是其可以借助自身的优势渗透到其他传统产业中，改变了全球的生产和组织方式。

借助互联网实现跨越式发展成为一种路径选择。如今，美国在互联网领域的基础性研究和应用型专利能力处在全球领先的地位，自20世纪90年代互联网商业化以来，借助互联网，美国公司的全球化能力被放大至极致。截至2018年9月30日，Facebook的月度活跃用户人数为22.7亿人，覆盖了全球1/3的人口。这一数据比2017年同期增长10%，这是传统企业难以企及的。梅特卡夫法指出网络的价值随着互联网用户数量平方的速度增长，尤其是移动互联网、大数据和物联网技术的突破和融合，互联网用户已经成为互联网经济的重要生产要素，基于互联网用户数量和互联网渗透率角度分析，世界将呈现新的格局。

此外，从互联网在工业领域的渗透来看，工业互联网开创了发展的新局面。工业互联网正成为全球新一轮科技和产业革命的竞争高地。工业互联网的发展对产业链和价值链重塑有着重要的作用，也是塑造未来贸易竞争力的重要手段。陈肇雄指出，自2015年以来，工业互联网平台呈现井喷式发展，目前，国际上形成的以美国通用电气、德国西门子、法国施耐德等为制造业巨头的全球性平台超过150个。美国主导的工业

互联网联盟已经汇聚 30 多个国家和地区的 300 名左右的会员。工业互联网不但是网络强国的重要建设内容，而且是提升制造业价值链的重要手段，还是贸易强国的重要建设内容。

（二）企业层面：互联网跨国企业崛起

近年来，互联网跨国企业的规模迅速增长，互联网的渗透和融合性使得制造业和服务业进一步融合，为对外贸易领域提供了更为广泛的产业基础。与传统工业经济时代的制造业企业和服务企业不同的是，互联网跨国企业具有虚拟性的特征，生产经济活动的网络化和数字化使得全球价值链的分工进一步深化，并应运而生新贸易模式和贸易内容。

1. 互联网跨国企业成为当前跨国企业发展的重要现象

网络效应表明，网络的延伸与网络节点的增加都是网络构成的一部分，原有网络在不断扩展的基础上发挥更大的效应。在网络系统中，信息流动的方式不再遵循传统的单一路径，这也是互联网经济中信息指数化增长的原因。当社会进入互联网时代，网络覆盖了整个经济社会，生产、交换、分配和消费活动都与互联网息息相关，此时互联网的网络效应就更加明显。在互联网网络效应下，全球领先的互联网企业迅速成长为"巨无霸"企业，在全球越来越多的地区和领域形成广泛影响。跨国互联网企业在自身规模、业务模式以及规则制定都超越了传统经济理念中的规模经济和范围经济中的临界值，互联网经济体和在线经济体成为跨国互联网企业的新型组织方式，并推动了国际贸易方式的变革。

从 20 世纪 90 年代开始，伴随着全球化的进程，跨国企业在全球范围内的经济活动不断扩大和影响力不断增强。跨国企业的贸易与投资活动在世界范围内广泛展开，并成为全球化和国际贸易的重要推动力。从跨国企业规模角度出发，在工业经济时代，跨国企业作为大规模的全球商业组织，分公司遍布全球主要国家，参与人数可以达到百万人。但是在互联网时代，在网络效应的影响下，传统经济的边际报酬递减规模被打破，企业的边界被互联网技术模糊化，企业的规模进一步扩大。

从跨国企业组织方式出发，工业经济时代的跨国企业采用金字塔式的组织方式，自上而下形成严密体系，以方便在全球范围内配置资源，而在互联网技术的影响下，形成了业务模块化、多元化以及支撑平台的运营模式。从跨国企业增速分析，互联网时代的摩尔定律显示，当价格不变时，每一美元能够买到的电脑性能，每隔 18~24 个月翻一倍以上。阿里研究院统计数据显示，互联网初创公司估值达到 10 亿美元平均需要 7 年时间，中国在该领域的初创公司把这一时间刷新到 4 年时间。我国的互联网跨国企业代表阿里巴巴公司，2016 年零售平台交易额首次超过 3 万亿元，共用了 13 年的时间达到这个目标，而传统零售巨头沃尔玛公司达到这一目标用了 54 年。如今，拥有巨大规模的阿里巴巴依然保持着两位数的增长,网络效应的作用依然在延续。

2. 互联网巨头主导全球数字贸易发展

当前,掌握互联网经济发展趋势的全球互联网企业巨头公司主要分布在美国和中国。陈超凡和刘浩指出,数字贸易是互联网经济与现代贸易基数相融合的新型贸易模式,是伴随着互联网经济变革、全球经济过程中国际贸易形式发展的变化。在国际贸易领域,互联网以及数字型跨国企业的快速崛起成为全球跨国企业发展的新动向。詹晓宁和欧阳永福指出,根据联合国工发组织的数据显示,互联网科技公司占到全球跨国100强企业的比重从2010年的10%增加到2015年的20%。更为重要的是,互联网科技跨国企业的资产依然保持每年10%的增速势头,而传统跨国企业的资产增长近乎停止。根据阿里研究院的报告,2016年11月全球前15大互联网企业市值在20年内增长了180倍。在2016年股票市值排名全球前15位的互联网企业中,美国占11个,中国占4个,且美国的11家互联网巨头企业的总市值达20835亿美元,占其GDP的11.6%。目前,以中国阿里巴巴为代表的互联网企业正在重塑全球贸易生态圈。2016年以来,面对互联网在贸易领域应用不断深入趋势,阿里巴巴集团提出了世界电子贸易平台(eWTP)倡议,这是首个由企业出发提出的世界性的贸易发展建议,这一提议得到国际响应并被写入了G20领导人杭州峰会公报。2017年3月22日,阿里巴巴集团董事局主席马云和马来西亚领导人纳吉布宣布中国以外的首个eWTP试验区在马来西亚落地,未来,还将开展若干eWTP试验区建设。这意味着在互联网的影响下,由互联网企业主导的贸易平台建设发挥了重要的作用,这与传统工业经济时代以国家或者国际组织倡导建议的平台有本质不同,但两者都是为了促进国际贸易的发展。

(三)消费者层面:消费者异质性显著

随着现代经济学理论的发展和微观数据的有效获取,贸易研究框架逐步从同质性模型向异质性模型过渡和转变。异质性经济理论更多关注对经济个体差异性的分析,这种对个体差异化的假设与现实情况更贴切。目前,把消费者异质性纳入贸易理论模型并结合经验数据进行实证分析的研究成为贸易领域的前沿之一。

1. 消费者异质性纳入贸易分析框架

在国际贸易领域,传统贸易理论(古典和新古典贸易理论)从国家之间的差异解释贸易发生的原因,新贸易理论则从规模经济、需求偏好相似的角度解释产业内贸易。异质性企业贸易理论把企业异质性和产品差异纳入分析框架,从企业层面研究贸易发生的原因和贸易利得。在国际贸易发展实践的推动下,非同位偏好的效用函数形式的完善(CARA、AIDS、CRIE、Stone-Geary等),收入异质性和支出异质性实现把消费者异质性纳入国际贸易分析模型中。实证层面,贺洋(2018)基于我国现在人均资产和消费水平大幅度提升的现实背景、利用我国营养与健康调查(CHNS)数据,中国家庭追踪调查数据（CFPS）实证得出我国消费者存在异质性行为特征，测算现实我国消费者异质性的比例约为33.57%。

改革开放以来，中国成功地从一个封闭落后的农业大国发展成为制造业大国、贸易大国以及互联网大国。1978年，我国处于世界经济的边缘，GDP规模占全世界的比重不足5%，对外贸易规模占全球贸易总额的比重不足0.8%，人均收入不足世界平均水平的1/4。2017年，我国GDP总量超过80万亿人民币（按年均汇率折算超过12万亿美元），占世界经济的比重为15%左右，稳居世界第二位。2017年，我国对外贸易的规模为4.1万亿美元，占全球贸易总额的11.9%，人均GDP突破8000美元。在此过程中，作为发展中大国，中国成功抓住了信息化的机遇，并从网络大国向网络强国迈进。张平等通过经验实证数据显示，8000美元的人均GDP是居民消费进入长尾市场的分水岭，自此消费市场分散化和小众化特点开始呈现。此外，"长尾效应"是互联网时代的专有名词，网络空间中长尾效应的发挥提高了消费者的福利。

2. 互联网时代消费者需求的异质性

1995年，我国形成以个人计算机为主的第一代互联网。2008年，我国形成了移动互联网为主的第二代互联网。移动互联网取代个人计算机成为未来的发展趋势，这种趋势意味着社会经济环境以需求快速变化和信息高度对称为核心特征（周密和盛玉雪，2018）。传统工业时代，批量化、标准化的产品生产是常态，消费者订制化和小众化的需求介于较高交易成本，使得厂商难以满足这种需求，而互联网效应和互联网应用改变了这种情况。

从互联网应用角度分析，电子商务、移动互联、搜索引擎、数据服务和网络游戏等都是互联网经济的典型特征，海量的即时信息和互动信息改变了企业和消费者的经济行为方式。在互联网时代，生产者和消费者都会借助互联网思维思考如何提升自己的福利并付诸实践。厂商借助互联网平台可以有效扩展产品的展示和销售渠道，生产成本显著下降使得中小微企业甚至个人都可以进行生产；互联网使得消费者的搜寻成本和信息获取成本大幅度降低，借助互联网大数据可以精准地搜寻与自身需求相匹配的商品。

从互联网效应角度分析，借助互联网平台，消费者可以与生产者直接互动，更加自由地表达个性化需求，时间、距离、国界的限制都被打破。互联网平台连接了供给和需求，为消费者异质性的发挥提供了坚实的基础。借助快速高效低成本"集聚或者分散"产品的作用与"协同生产"自我服务模式，互联网能够有效地把消费者的异质性的需求转化长尾市场的尾端。克里斯·安德森在《长尾理论》中明确指出，互联网知识降低了接触更多人的成本，有效地提高了长尾市场的流动性，这种流动性继而带来更多的消费，有效抬高了销售曲线，扩大了曲线之下的面积。

二、互联网影响对外贸易的技术支撑

社会经济的发展,归根到底是由生产力的发展推动的,而在决定生产力水平的诸多因素中,科学技术是最具有影响力的决定性因素。互联网在诞生和应用之初,仅仅被作为一种连接方式,将多台计算机连接在一起。如今互联网已经连接了全球数十亿用户,人们无论身处何地,使用移动端或者固定终端,都可以随时畅游互联网。互联网已经转变为一种支撑经济体系内所有行业的通用技术,将全球经济紧密地联系在一起。

(一)互联网技术特点与对外贸易的契合

以互联网技术为基础形成互联网经济的本质特征是改变了人们的生产和交往方式。互联网的全天候运作、全球化、快速运作以及协同创新的特征契合对外贸易的发展趋势,在一定程度上也是击破对外贸易发展至今存在的障碍的重要手段。综合乌家培,裴长洪的观点,本节认为,与传统经济相比作为通用技术的互联网经济具有以下新特点,这些特点与对外贸易的发展特点更为贴切。

1. 互联网经济是全球化经济

互联网是全球化、开放化的互联互通网络,是属于真正全球化的工具。互联网的连接属性突破了物理空间的限制,地区和国别的边界被模糊化,使得空间距离变得不那么重要,因此,网络经济活动把空间因素的制约降低到最低限度,经济全球化进程在此影响下进一步加快,世界各国经济相互依存性加强。在互联网的影响下,跨国企业在经济全球化的过程中有了新的意义。借助全球网络,跨国企业快速地实现将企业的决策和业务在全球范围内的子公司或者分公司之间及时传递和交流。

2. 互联网经济是虚拟经济

一方面,这里的虚拟经济与金融市场中由虚拟资本构成的股票、证券、期货和期权的交易活动所形成虚拟经济有所不同,互联网经济的虚拟性指的是网络的虚拟性,现实的经济交易活动(又称线下交易活动)转移到由信息网络构成虚拟空间进行交易(又称线上交易)。互联网经济的虚拟性源于网络的虚拟性,这种虚拟性与物理空间的现实经济相并存、共同发展。另一方面,上述提到的虚拟性给予了互联网经济的新特征,即与传统经济相比,虚拟的互联网经济突破了时间和空间的限制,基于互联网的经济活动可以全天候运行,基于线上存贮模式的虚拟商品没有库存的压力。

3. 互联网经济是边际收益递增的经济

传统工业经济时代,企业通过规模的逐步扩大实现长期成本逐步降低,在长期成本的最低处对应着企业的最规模经济处。企业的长期成本曲线呈现先降后升的U型特点,最优生产规模受制于管理成本上升、内部交易成本上升。但是在互联网的外部性和梅特卡夫法则影响下,互联网经济具有规模经济和范围经济的特征,并且在某些行业出现零边际成本的特征。

一是规模经济规律的变化。在网络的正外部性的影响下,网络的价值随着连接用户数量的增加而增加。梅特卡夫法指出,当网络用户超过某个临界点之后,网络价值呈现爆发式增长。在这种规律的影响下,互联网经济时代的规模经济与传统工业经济时代通过扩大生产规模降低平均成本的方式有着本质区别。互联网的规模经济意味着互联网连接用户越多,规模经济越显著。

二是范围经济的变化。范围经济产生的根本原因在于信息、技术、管理等要素的低成本共享性,这种共享性能够降低总成本。纪玉山表示,信息化程度越高,软要素在生产的过程中投入比例越大,这种专用的经济性就越明显,资产的专用性推动了规模经济的产生和发展,软要素的共享性推动了范围经济的产生和发展。裴长洪在上述的分析基础上更为直接地指出,互联网时代,平台企业实现范围经济的条件由产品的相关性转向用户数量的规模,用户规模决定了范围经济的实现程度。

三是边际成本的变化。传统微观经济理论认为,边际成本是指每一单位新增产品带来的总成本的增量,一般情况下随着产量的增长,边际成本呈现先下降后上升的趋势。边际成本曲线随着产量向右上角倾斜特征,成为约束企业无限制扩大规模的条件。但是随着互联网经济的发展,边际成本出现新的特点,里夫金在其《零边际成本》书中提出,互联网带来的近乎零边际成本的社会在未来30~50年内将终结资本主义的经济形态。在过去的10年里,亿万消费者变成互联网消费者,零边际成本现象在信息产业中凸显,如消费者在网上以免费的方式制作和分享音乐、视频、新闻和知识。如今,零边际成本已经从最初的虚拟空间的软件和电子产品渗透到其他领域,无处不在的互联网与社会经济各个领域的融合不断加深,成为推动实体经济结构升级的重要推动力。

(二)互联网平台对外贸易模式的扩展

全球范围内互联网经济以及新一代互联网技术的快速崛起、通信技术的广泛引用,使国际贸易主体、贸易形态、商业模式和组织方式都发生了重大变化。线下贸易转移到线上贸易的形式意味着交易时间的拓展、交易空间的拓展和交易速度的提升。移动互联网技术的发展以及手机、平板电脑的普及意味着消费者能够无限制地进入互联网,借助各种App平台、搜索引擎平台、社交平台,消费者可以免费获得信息服务。而电商平台为消费者提供了分类明确的产品服务。

1. 互联网平台赋予了贸易新动能

贸易和平台的结合,并不是互联网时代特有的产物,传统的贸易平台是以世界展销会、世博会、博览会的形式,通过汇聚世界各地的产品和购买者,传统途径下汇聚交易为主要方式。因此,传统贸易平台指的是存在于现实空间中的场地和展馆,卖者和买者直接面对面接洽并交易。随着互联网经济的崛起，虚拟的网络空间逐渐被人们理解和接受，借助互联网技术形成的虚拟平台成为整合资源、优化配置的一种途径，这种形式被称为传统电子商务平台。随着网络平台主导消费的模式普及化和常态化，传统电子商务平台通过互联网与国际贸易的融合升级为跨境电子商务平台，并致力于扩展互联网在跨境贸易中的应用。

首先，基于互联网技术形成的平台具有网络外部性的特点。外部性是平台经济的基本特征，平台用户数量和规模是影响平台价值的最主要因素，因此跨境电子商务平台的价值也会随着用户规模的增加而增加。

其次，互联网平台架起了价值链的专业化分工和协作的桥梁。和国内的交易相比，国际贸易更为复杂，涉及跨境通关、货币兑换和语言等障碍。从生产角度分析，一家企业不可能拥有全部生产资料和资源，无法向所有用户提供各种高质量产品和服务，因此平台的大数据可以结合需求导向，基于平台的供需整合，有效提高专业化分工的整合效率。

最后，互联网平台发展成为综合服务平台。当前随着电子支付、物流技术服务的创新，贸易交易平台转型为综合服务平台。在平台上，配套的金融支付、物流仓储、外贸综合服务，实现了物流、支付、通关数据一体化，甚至提供市场营销和教育培训，另外，平台通过汇聚的大数据分析消费者消费特点和购买特征，全方位提升贸易的便利化。跨境电子商务平台的发展为我国贸易发展提供了新动能，也为我国提升全球价值链提供了新的路径。

2. 互联网平台成为国际贸易发展的重要形式

21世纪初，互联网在国际贸易领域以电子商务的方式应用，电子商务平台是互联网时代才出现的新型业态，学界对电子商务探讨集中在交易费用的降低和对贸易中介的影响。孟虎总结了在互联网应用下国际贸易出现的发展趋势：一是产生一些以互联网为载体的新型中介，借助互联网高效便捷的信息搜集和匹配的优势，降低国际贸易市场的基础交易费用，扩大国际贸易市场；二是传统的国际贸易中介借助网络化改造，把自身已有的行业经验、渠道、信用和公关优势与互联网结合，经过信息化改造后的贸易中介更具有竞争力；三是从事简单信息中介服务、没有核心竞争力的中介随着互联网在国际贸易中应用的增加而逐步被淘汰。茹玉骢和李燕、綦建红和李丽对国际贸易中介的研究进行了细致的文献梳理工作后提出，和传统贸易中介相比，互联网平台能够克服时间、地理和文化带来的跨境贸易障碍，成为国际贸易发展的重要形式。

近年来，以阿里研究院为代表的研究机构探讨了互联网平台和国际贸易之间的关系。阿里研究院指出跨境电商零售正在发展成为国际贸易的新业态和重要组成部分。阿里研究院的数据显示，2015年跨境电商交易额（批发和零售）占中国进出口总额的19.5%，预计到2020年中国跨境电商零售交易额将超过3.6万亿元，在2015—2020年区间，年均增幅约37%；根据测算，2020年跨境电商零售出口额将达到约2.16万亿元，年均增幅34%，2020年跨境电商零售进口额约1.5万亿元，年均增幅约43%。迅速崛起的跨境电商与传统贸易的疲软态势形成鲜明对比，因而阿里研究院指出跨境电商连接世界代表着贸易的未来。网络贸易平台的出现，为国际贸易中个体、小微企业提供了可负担的、世界级的基础设施，整个社会的信息成本大幅度降低释放了小微企业的潜力，又促成了分工的进一步深化和进一步的大规模协作。按照亚当·斯密的分工理论，市场的扩展有利于分工的进一步深化，分工的深化进一步促进贸易的开展。有了网络平台连接生产和消费的渠道，小微企业依然可以发挥规模优势和分工优势。

面对互联网的规模经济、范围经济以及边际报酬递增在国际贸易中的体现愈发显著，考虑到互联网平台的重要性，学者们将电子商务平台引入到异质性贸易理论模型，把互联网平台作为一个外生冲击，是降低企业信息搜集成本和生产成本的重要变量。岳云嵩和李兵从理论和实证层面为互联网平台在国际贸易中的作用提供了理论支持。王维和庄尚文基于新古典经济学框架下建立了理论模型分析网络平台主导贸易消费一体化的内在机理，一方面指出网络平台通过信息搜索、品类管理和广告促销等方式提高了消费者的净福利，处在网络平台的各类经济主体实现了帕累托改进；另一方面指出互联网平台从双边市场扩展到跨境范围时，基于网络平台的贸易和服务全球贸易网络有利于传统产业面向全球进行生产要素的优化配置，推动创新和产业结构的转型升级。赵明亮和臧旭恒指出借助跨境贸易平台的新动能，企业可以通过电子商务的低成本快速树立品牌，向价值链高端延伸。

三、互联网影响国际贸易的应用支撑

近年来，国内外学者关注到互联网技术的发展和互联网的普及对贸易方式的变化和影响。Abeliansky和Hilbert提出信息和通信技术通过供需双方的交易成本影响全球贸易格局和贸易模式的观点，并利用引力模型对1995—2008年期间122个国家的互联网和贸易数据实证得出结论：互联网宽带的质量会影响双边货物贸易量，且互联网宽带质量对发展中国家更重要。早在2003年，我国学者陈筠就指出基于国际互联网的国际贸易，使得贸易数字化、网络化和信息化，代表着国际贸易未来的发展趋势。在互联网的影响下，贸易产品、贸易方式和贸易途径都发生了变化。

（一）互联网与国际贸易发展呈现的新优势

历史经验表明，每一次技术的变革和发展都会催生新的生产要素。工业革命之前的农业时代，土地和劳动力是最为重要的生产资料。工业经济时代，蒸汽、电力、资本、知识和技术陆续成为不可或缺的生产资料。如今互联网时代，信息、数据已经成为重要的生产资料。互联网的普遍性、推动性以及融合创新的作用带来了显著的网络效应。

对于国际贸易来说，互联网开放、共享以及连接世界的功能与面向全球的国际贸易有很多契合之处，而互联网在国际贸易领域的应用也为国际贸易的发展和变革提供了新的优势。

1. 国际贸易中数字产品的发展

互联网驱动的数字化革命正在引起全球经济的根本性变革，新的交流方式、新的信息共享方式以及新的商业模式造就了新的经济增长和贸易增长方式。互联网的发展和普及，意味着个人和企业单位都可以及时地获取和传递信息，信息的准确性、及时性和扩散性得到了大大的提高。这些信息汇聚和集合形成的信息流，也称之为大数据。从某种程度上说，数据本身就是信息。中国信通院在《2017年中国数字经济发展白皮书》中提出，在信息技术和人类生活的交互融合下，数据呈现出50%年平均增长率。海量数据的集聚爆发下，数据实现每两年翻一番的增长速度。数字格式成为信息存在的主要形式。对于企业来说，互联网不仅是一种技术，也是一种发展思维。

数字化的信息资源成为企业经营决策的关键要素，并产生了商品服务的新内容，为企业带来了新的价值增值方式。

互联网已经成为经济增长的核心推动力，并持续与实体经济融合。目前各国都强调数字产品贸易的重要性，根据联合国《2017年信息经济报告》数据显示，2016年全球信息和通信技术的产品、服务生产占全球GDP的比重为6.5%。互联网不仅影响货物贸易和服务贸易的规模和交易范围，更是直接推动数字产品贸易的发展。关于数字产品贸易的界定以及归属于货物贸易还是服务贸易的性质的争议，本节不进行详细讨论。世界贸易组织（WTO）1999年将数字产品（Digital Products）定义为通过互联网进行传输和交付的内容产品，并据此将数字产品分为电影和图片、声音和音乐、软件、视频、电脑和娱乐游戏。美国国际贸易委员会在2013年7月发布的《美国和全球经济中的数字贸易》报告中，将数字贸易（digital trade）定义为，通过互联网传输交付产品和服务的国内和国际贸易，包括物理产品。这一定义包括三个要素：一是以互联网传输为媒介，数字交换技术为手段；二是以数字化数据信息为贸易标的；三是贸易内容包括数字产品和数字服务。作为当今世界互联网硬件技术最为发达的国家，美国在互联网相关的贸易统计和分析中也走在世界前列。根据美国商务部经济分析局在2016年统计报告显示，2015年第四季度，美国互联网相关服务产品出口占服务出口总额的56.7%，互联网相关服务产品进口占比也达到49.2%。作为互联网模式应用大国和贸易大国的中国，数字产品贸易在迅速崛起，中国信通院《2017年中国数字经济发展白皮书》指出，数字经济已经成为中国经济增长的核心推动力，2016年我国数字经济总量为22.6万亿元，占据我国GDP的接近1/3，数字经济的爆发式增长开启了中国数字经济的新时代。

2. 国际贸易方式的数字化表现

数字化贸易不同于第一点所说的数字产品贸易，数字贸易是指国际贸易交易的对象是数字产品，而数字化贸易是指贸易方式的虚拟化，体现为交易对象的搜集和锁定、合约的缔结、合约的支付和履约等环节可以部分或者全部通过互联网"线上"模式实现交易。生产企业、流通企业和消费者处于一个以信息通信技术为基础的大数据网络经济中，要素流通充分、交易完成时间大大缩短。贸易数字化的主要表现形式就是电子商务的迅猛发展。全球电子商务的发展对于国际贸易的促进作用是不言而喻的。中国国际电子商务中心研究院的数据显示，2016年全球网民人数已达到41.57亿人，较2000年增长了1052%，互联网普及率达54.4%；2014年，全球约有11万个电子商务网站产生了收入；2016年，这一数字已超过100万个；2016年全球电子商务交易额为2.7万亿美元。此外根据联合国贸发组织的会议估计，2015年全球跨境B2C的电子商务业务为1890亿美元，约有3.8亿消费者在海外网站购物。互联网的普及和应用、消费者购买能力的提升、电子商务信用环境的提升、电子商务服务环节的完善使得数字化贸易成为全球国际贸易形势的重要变革，也是新时期推动全球国际贸易发展的新动力。

3. 国际贸易的平台化发展趋势

平台经济并不是一个全新的词汇，平台这个经济体早已经存在。传统经济中购物中心、集贸市场、中介公司、银行、证券交易市场扮演着为交易双方提供货物和信息交易场地的角色。但是基于传统平台的经济活动容易受到地域、时间、活动场所规模和交易规模以及信息沟通等硬性条件的限制和约束。随着互联网的发展和普及，尤其是在经济领域的应用，以互联网为代表的平台经济改变了传统的交易模式，也在一定程度上改变了传统的国际贸易模式。目前，国内外关于平台经济还没有一个统一标准的概念，缺乏对平台经济的清晰定义和明确定位。广义上，平台经济是空间交易的场所，即物理化的现实交易空间，也可以指存在虚拟网络空间中的交易空间或平台。狭义上，平台经济是指依靠互联网技术为基础形成的虚拟空间交易场所。无论广义还是狭义，平台经济都是为了满足交易主体的需要，实现价值的创造和增值和利益最大化。因此本节所探讨的平台经济更多是指在互联网条件下发展和驱动的经济形态。

（1）平台成为互联网时代的全球化贸易的表现形式。随着互联网的普及，以互联网技术和应用为代表的平台经济在规模、内涵和影响力上获得了全新成长。与传统的平台模式相比，互联网时代的平台经济具有显著的双边市场、网络效应以及开放共享的特征。阿里研究院和德勤研究于2017年8月发布的《平台经济协同治理三大议题》中提出，互联网平台具有生态性、共赢性、开放性和互补性。这意味着互联网平台除了提供商务交易之外，还能提供精准营销、信息互动、沟通协作、数据分析以及对等开放、无缝连接方式，融合物流和支付等相关服务，从而降低了参与者的交易成本，提升了交易效率。在平台上，交易双方之间、交易双方与其他服务者之间的信息、资金、技术等生产要素充分流动，市场主体和生产要素之间的形成密集网络，交易机会增加，交易成本降低，平台价值、客户价值和服务价值相互推动增加。互联网平台的开放共享功能提供了较低的交易成本，结合网络效应的放大机制，扩展了物品和服务种类，并渗透到越来越多的领域。

在这种背景和优势下，越来越多的商业组织向平台化方向发展。平台亦成为互联网时代消费、就业、创业、创新的重要基础。阿里巴巴、亚马逊、eBay 等电子商务平台将全世界各个角落的企业和消费者紧密联结，创造了交易机会，释放了货物贸易的存量，推动了电子商务迅猛发展。2017 年，全球十大互联网平台企业的市值已经超越全球十大跨国企业，平台企业已经成为国际贸易的有力量的新引擎。在这些全球化的电子商务平台的推动下，国际贸易的平台化发展趋势迅速崛起，并成为国际贸易交易方式的重要体现。2016 年，阿里巴巴集团指出，为顺应当前数字经济飞速发展的时代，促进全球中小微企业发展，建议组建世界电子贸易平台（Electronic World Trad Platform，简称 eWTP）以顺应当前互联网时代的全球化贸易新规则。

（2）基于平台基础的外贸综合服务成为国际贸易的竞争新优势。在互联网的渗透和影响下，工业互联网平台、服务互联网平台的提法开始出现，以及在电子商务平台领域，平台为产业链的上下游、生产者与消费者的联通提供包括商品展示、交易协商、广告、物流、支付、融资等服务，属于服务贸易范畴。而电子商务交易平台上的交易归属于货物贸易还是服务贸易，目前还有待于进一步商榷。与美国在互联网硬件和软件开发领域走在世界前列不同的是，我国在互联网领域的商业模式创新处在世界前列。

我国 B2B 电子商务中的外贸综合服务成为互联网经济和平台模式的直接应用。外贸综合服务，本质是外贸代理服务，是外贸业务模式的创新。我国在《对外贸易发展"十三五"规划》中明确将外贸综合服务、跨境电商、市场采购作为国家重点培育的三大外贸发展新业态。根据相关文件规定，外贸综合服务企业应具备较强的进出口专业服务、互联网技术应用和大数据分析处理能力，建立较为完善的内部风险防控体系，接受国内外客户委托，依法签订综合服务合同（协议），依托综合服务信息平台，代为办理包括报关报检、物流、退税、结算、信保等在内的综合服务业务。外贸综合服务企业提供服务所依托的综合服务信息平台，是以信息与通信技术为支撑，实现服务的规模化、标准化、集约化和专业化，提高平台上企业参与国际贸易的机会和竞争力，推动外贸增长。

（二）互联网与国际贸易中跨国企业价值链升级

上述第一部分从宏观角度探讨了互联网在国际贸易领域的应用。接下来，本节分别从企业微观的角度和全球价值链的角度对互联网影响国际贸易领域应用动机作进一步的探讨。

1. 互联网对跨国企业的价值链影响

近年来,借助互联网经济崛起的企业呈现出超强的市场拓展能力,互联网的网络效应给企业带来了指数级的增长。在国际贸易领域,互联网跨国公司的迅速崛起成为全球跨国企业发展的一个重要动向。在互联网企业中,互联网平台、消费者、生产商以及服务商共同构成了网状协作,互联网既是互联网企业的技术基础也是实现整个生态系统运作的基础,为消费者、商家和第三方服务供应商提供信息的交换,进而为创造更大的价值提供可能性。

成立于1999年的阿里巴巴,是我国互联网发展和应用中具有重要意义的企业。目前,阿里巴巴的业务涵盖淘宝网、天猫商城、阿里巴巴、阿里妈妈、Alibaba.com、Ali Express、阿里云、菜鸟物流、蚂蚁金服。阿里巴巴的创始人理念是"互联网能够创造更加公平的竞争环境,让小企业通过创新和科技扩展业务,并在参与国内或全球市场竞争时处于更有利的位置"。阿里巴巴2004年便开始着手建立数据仓库,2008年建立数据平台,并借助数据和云计算构建未来的技术发展框架。

目前,阿里巴巴集团在平台经济和电子商务领域具备全球领导者的地位,在云计算、数字媒体和娱乐以及创新项目和其他业务领先业界。成立于2003年的淘宝网,用了5年时间实现了销售额从0到1000亿元人民币的突破,2016年销售额突破3万亿人民币,与全球最大的传统零售企业沃尔玛不相上下,而沃尔玛成立于1962年并发展至今才达到这种规模。互联网企业与传统企业不同的是,在网络效应的影响下,企业规模越大反而增速更快,据阿里集团的财报显示阿里集团依然保持着每年50%以上的收入增长。

在国际经济领域,互联网跨国企业的快速成长成为全球跨国企业发展的一个重要动向。从全球企业市值来看,占据领先地位的企业能够侧面反映全球经济产业发展的驱动方向。以2018年7月31日的股票收盘价格计算,全球上市公司市值前十位的企业中互联网科技企业占据6席,分别是苹果公司(Apple)、亚马逊(Amazon)、谷歌(Alphabet)、微软公司(Microsoft)、脸谱(Facebook)。阿里巴巴以4815亿美元的市值排名第八。虽然上市公司的股票市值存在一定的波动性,但与工业时代能源、实体零售和汽车行业占据全球市值领先地位相比,互联网时代以互联网科技为代表的企业保持稳中有升的趋势。

2. 互联网对国际贸易全球价值链的影响

与传统工业时代企业重视标准化、规模化和模式化的生产准则不同,互联网时代企业更为重视生产的差异化、网络化以及速度化。对于全球价值链来说,互联网对国际贸易的价值链有以下三个方面的影响:

(1)全球价值链互联网化。赵明亮和臧旭恒指出,互联网在国际贸易领域的应用为当前处于萎靡状态的全球贸易提供了新动能,更推动了全球价值链的重构。面对全球电子商务贸易正在迅速崛起以及通信技术的广泛应用，国际贸易的主体、贸易形态、商业模式以及组织方式都发生了重大变革。对于处于价值链中的企业来说，大量企业从线下贸易转移到线上贸易，线上贸易不仅影响全球价值链的上下游功能，而且影响跨国企业的生产和经营。一方面以数字形态为表现形式的贸易产品和服务在不断发展，以互联网为代表的服务作用在不断增强。另一方面是传统生产、销售和交易环节的互联网化。全球价值链的部分环节在向互联网化的趋势发展，以及价值链的实体向线上转移。王欠欠和夏杰长提出了"全球价值链互联网化"的概念，结合2000—2014年世界投入产出表和贸易增加值分解方法进行研究，并通过分组对发达经济体和发展中经济体进行实证检验。从价值链环节看，国际贸易的"互联网化"显著而有效地降低了贸易成本，使得设计、零售采购、装配和分销等不同环节可以以更低的成本在全球范围内完成，有利于中间品的流动。从国家角度看，互联网化对于发达经济体的贸易增加值的促进作用更大，对发达国家的影响具有当期性（及时性）的特点，而对发展中国家的影响存在滞后性。

（2）全球价值链去中介化。互联网在跨国企业中的应用，对于全球价值链的影响体现在两个方面：一方面，面对互联网技术的普及和应用，比一般企业更具有竞争力的跨国企业更早地应用和普及电子化，电子采购以及管理系统的电子化普及，使得采购、沟通更为便捷，促进全球价值链的上游去中介化。另一方面，在下游，跨境电子商务平台把生产商、制造商和出口商以及消费者连接为统一体，省去了许多传统的中间环节。詹晓宁和欧阳永福（2018）指出，借助互联网，跨国企业的全球价值链和供应链缩短，因此更为贴近市场，灵活性以及效率显著提升。

（3）制造业服务化。人类工业生产的特征、分工的安排及产品的形态总是随着科学技术的进步而不断演化。互联网由消费领域、服务领域向生产领域的深度拓展，工业经济向网络化、数字化、智能化转型。在互联网及新一代信息技术的影响下，从传统产业链上下游分工到价值链各个环节呈现出跨界融合、产业整合、协同创新的特征。在过去的几十年，互联网技术已经像第二次工业革命的电力一样，渗透到社会生活的方方面面，成为社会的新基础设施，原有的基础社会也在不断叠加互联网基础设施，实现自身的升级和进步。在信息和互联网革命和当前正在进行的数字革命影响下，分工逻辑下的规模化和标准化生产方式在制造业内部出现了变化。一方面，制造业服务化意味着"制造企业不能仅局限于研发、制造、销售产品和提高简单的售后服务，还要为客户提供越来越多的高附加值服务，如专业化服务、个性化定制、综合解决方案提供等"。另一方面，制造业与服务业之间的界限被彻底破除。互联网技术为产品和服务的结合创造了全新的颠覆性方式。在汽车领域，汽车制造在服务科技的影响下，汽车的价值由制造硬件和服务软件共同构成，产品中服务软件的价值将发挥更大的作用。

汽车产品变成数字化载体，车载软件及相关的电子软件成为汽车价值的重要组成部分。特斯拉汽车的无人驾驶技术和传感技术成为其产品的重要竞争力，而苹果公司和谷歌公司宣布进入汽车行业，意味着高科技公司可以转型成为汽车公司。这两方面使得跨国企业价值链服务环节比重不断提升。

第七章 国际贸易与区域经济的发展

第一节 浅谈区域经济

区域经济的发展既要借助要素的力量和投资方的力量，又要借助与它相关联的一些创新机制的力量。在国民经济不断发展的情况下，伴随着区域经济发展的脚步，区域经济发展的创新就显得尤为重要。据调查发现，近年来，区域经济发展的速度在不断提高，但是，出现了管理机制尚未完善、创新形式得不到认可以及没有完整的支撑体系等问题。针对上述问题，本节提出一些具有建设性的方案。

一、区域经济的创新与发展

研究表明，区域经济不只是借助全部要素和所投入的资金就能发展的，还会受土地资源、宏观管理以及劳动资源等因素的影响。通过对区域经济发展中创新机制的调整，可以加强对要素和资金的管理，创新机制是区域经济发展的主导力量。

（一）区域经济发展的知识结构

19世纪20年代以来，一种区域经济学开始流行，并初步形成了一种区域经济发展的理论体系。早期的一些区域经济学的专家、学者认为，区域就是所指定的地区所构成的一种复合体。复合体形成的过程与场地、边缘地区以及核心有着紧密的联系。在复合体形成的阶段中，一种以中心地理理论、市场型的区位论以及农村区位论等区域经济发展为核心内容的理论性模型逐渐形成。这些理论性模型，都采用了一种假设的方法，将区域假设为一种孤立的单位，但区域还会受资源分布不均匀以及区域性特征的影响，因此，区域就会借助多种力量来构建具有特色区域性的一种产业或是其产品。由此看来，区域经济发展的重要组成部分是依据每一个区域的优势和区域资源进行合理的调整、安排。这样，在区域产业上进行合理的调整，以及在区域空间上进行有效的优化，都是推动区域经济发展的有效途径。20世纪50年代以来，一些专家、学者所阐述的区域，才开始在国民经济发展的过程中解决区域经济上的一些问题。但是，不管是区域性均匀理论还是非区域性均匀理论，其都在对区域发展中所存在的问题进行了详细分析。20世纪80年代以来，对数据进行整理以及对信息技术进行优化，都增强了区域经济发展研究的范围。

（二）区域经济发展的创新源泉

区域经济发展的主要源泉由投资力量、创新能力以及创新要素三部分所构成，这三种力量都在各个时期都担任着催化剂的作用。但区域经济要顺利发展，就一定要借助科学技术的创新力量。经资料表明，每一次社会的发展以及生活方式的转变，都会给区域经济的发展带来极大影响。站在科学技术的角度上去思考，科学技术水平的不断提高和技术的创新，会影响到区域的基础性运用与研究，同时也促进区域经济结构的不断完善、质量的不断提高。除此之外，在制度创新的层面上进行分析，无论是强制性还是诱惑性的经济制度变迁，都会提高生产要素在区域范围中的流动速度。此外，对生产要素进行合理性调整也可以提高区域经济发展的速度。

二、我国区域经济发展中的创新情况

伴随着人民生活水平的不断提高，我国逐渐把发展焦点转移到区域经济发展的创新中。近年来，我国大部分区域都在增加对产品的创新、科学技术的创新以及原材料的创新等的资金投放量，以推动区域经济发展创新机制的改革。就创新而言，各区域的创新是由技术性研发和制度性的创建两部分构成。我国区域经济在转型的状态下，不管是制度还是技术的创新、发展都取得了显著的成效。

（一）我国区域发展中的制度创新

我国区域发展虽然速度较快但存在着较大的差异性问题。在这样的背景下，各级政府都想调整区域经济的平衡性发展。由此，各级政府在实际操作中都会关注对区域经济发展创新的制度体系，希望利用这种手段，创建具有独特性的区域经济发展。由此推断，制度创新不但是区域经济发展的源泉，而且是其他类型区域经济创新中速度、质量的一种保障。

（二）我国区域经济发展中的机制创新

除在制度创新的角度上对我国区域经济发展情况进行详细分析外，我们还可以站在技术创新的角度上对我国区域经济发展创新总数量和数量的变化情况进行调查、分析。通过查阅大量的文献我们得知，在我国东部、东北区域、中部以及西部地区，工业行业在所规定规模以上的资金投放状况明显呈下滑的趋势，然而，在年均增长幅度上则仅次于西部、中部以及东部。

三、我国区域经济发展中存在的创新问题

我国的重要区域经济在创新层面上取得了较大成效。但是,我国区域经济发展创新的总数量和所增加数量仍存在着较大差异。简而言之,在我国区域经济发展中,区域发展在创新上取得了显著的成效,但是,从创新总数量和增加数量情况来看,不同区域在创新发展上仍存在着很大差距。中国区域经济在发展创新的过程之中,对中国区域经济发展有一定的阻碍作用。

(一)管理机制尚未完善

站在经济发展的角度上思考,区域规划和布局都会给区域创新管理体制造成影响,并在某种程度上给区域间和区域内创新上带来直接与间接性的影响。在区域经济发展过程中,区域间在创新上会有直接的沟通与合作。但是,这种直接的沟通与合作会受到管理机制的影响。区域内、外的创新想达到资源共享的目标,都是一个较为困难的过程,由此就会给区域内、外创新造成资源的浪费。除此之外,区域经济在发展的阶段中,虽然有一小部分的创新资源属于共同使用的一种资源,但是,在当前的创新管理机制的背景下,又将这种类型的技术创新分成科研机构所担任的任务和其他人的一种财产性问题。由此看来,传统型的管理机制较容易使区域经济间的发展和区域创新向分离的方向发展,进而使每一个区域之间和区域内的创新发展水平不能稳健地发展。

(二)不坚持使用创新的手段

站在世界的角度上来分析区域经济的发展状况,每一个国家都有自己独特性的区域经济发展水平,如美国好莱坞中有影视电影、美国加州的硅谷之中有先进的科学技术水平以及加拿大的安大略有较为完善的通信产业等,这些地区以及国家都是凭借区域中的优秀成果来创造高质量的企业品牌。根据目前区域经济发展的状况来看,挖掘区域的特点在我国已经取得一定成绩,但创新手段呈现出单一性的特点。归根结底,每一个区域经济在创新系统的整个环节之中都没有对整个创新系统理解清楚。创新系统既需要区域内部和区域间进行不同主体间的相互互动,同时也需要在各种不同要素之间进行交流与沟通。为了实现这一目标,每一个区域经济发展应该找出区域经济之间所阻碍的各种因素,从而有针对性地促进区域经济创新机制的发展水平。另外,在区域经济发展的阶段之中,产业构造的普遍现象存在于各个区域经济发展中,归根结底都与本身的创新能力低下所造成各个区域经济之间核心技术掌握不到位有关。由此推断,产业链接中的低附加值量和盈利加工的简单组装是造成区域之间经济发展悬殊的根本因素。

（三）支撑体系尚未完整

区域经济发展中的创新机制，需要借助大量的人力、金钱和先进的技术等力量。虽然每一个区域经济在发展的过程中消耗了大流量的人力、金钱以及机械设计等资源，但是却因缺乏具有针对性的理论基础作为支撑点，导致这些资源不能充分发挥作用。与此同时，区域内中小企业基础能力缺失以及资源的短缺，使各种活动不能正常进行。另外，中小企业本身所具备的创新能力、资金的投放不足、土地资源的利用不足以及财税等问题，阻碍了区域创新发展的持续进行。除此之外，通过对知识产权进行详细分析，我们获知中小企业中还存在着两大难题。第一个难题是专利注册的金额过高，中小企业在经济上难以承担这种压力。另外一个难题是知识产权的诉讼金额是由中小企业来承担的，在某种程度上讲，对中小企业的创新盈利问题带来了严重的影响。由此看来，各个区域经济发展的创新，虽然推动着区域经济发展创新，但是却没有重视对区域内基本资源的投资。各个区域经济在发展阶段中，重视对区域经济内群体产业和对企业的创新，却忽略了内部创新机制的一种新的发展，因此，严重阻碍了区域创新各个主体中共同合作、共同发展的进程。

四、中国区域经济发展创新机制的策略

（一）对创新管理机制进行合理优化

要打破传统的区域经济发展管理方案，创新区域经济内或者区域之间的管理系统，提高区域经济发展创新机制新要素在区域内或者是在区域间的沟通、合作。区域经济发展创新机制主要是使针对性的管理机制和区域经济之间的发展得到有效融合。唯有这样，才可以在交易流通的领域之中降低成本投入，以进一步推动创新资源的配置效率。除此之外，还可以提高区域内和区域之间创新成果的转化速度，以制定出一些创新理论的成果策略。

（二）加强自主化创新

自主化创新属于一种创造性活动，换而言之，是指所拥有核心技术的知识产权和新产品价值形成的一种过程。独自进行创新的劳动成果是新技术水平以及新品牌发现的一个过程。每一个区域经济的发展应该抓住各种机遇，充分发挥其作用，并且根据区域特点以及优势来提高各种技术、各个阶段以及各种原料等的创新能力水平，努力构造出适合区域经济发展的产业链。区域经济的发展和技术创新的发展步伐是紧密相连着的，同时，区域经济的发展也需要和制度上的创新、组织层面上的创新进行有效结合。

(三)稳固各种区域经济发展的基础

对于各种相关政策,每一个区域经济的发展都要制定出相对应的制度,以推动各个区域内和各个区域之间的沟通、交流。在各项产业发展的基础上,区域经济发挥区域内产业群体的整体发展优势,可以为新的创新活动提供牢固的物质基础,同时也可以降低创新投资资金的费用,推动创新劳动成就的转化速度。由此看来,政府在推动区域经济发展中的创新体制的环节中,一定要结合本国的国情制定出相应的政策法规,保护好各项权利的权益以及维护好区域经济发展新体制创新主体的权益;充分发挥好各种类型中的创新主体的力量,以推动区域经济走科学化发展的道路。

综上所述,为推动区域经济创新机制的顺利发展,政府要结合本国国情,针对各个区域经济之间所存在的问题找出具有针对性的解决方案。唯有这样,才能从根本上促进我国区域经济发展创新体制的顺利运行。

第二节 我国国际贸易与区域经济发展的关系

近些年来,我国国际贸易的规模逐渐扩大,产业和行业也越来越呈现出多样化趋势,带动国家的区域经济发展向着更高的台阶迈进。当前阶段,我国经济发展正处于结构调整、增长稳定、风险控制、发展促进的关键阶段。国际贸易在促进区域经济发展方面举足轻重,可以使国家区域经济的产业结构得到进一步优化,同时,国家区域经济发展在一定程度上也决定了国际贸易的结构和总额,两者相互依存,不可分割。从当前阶段国际贸易的发展状况来看,我国区域经济发展与国际贸易之间的联系十分紧密,要想更好地提高国家的经济实力,全面促进国际贸易与区域经济的协调发展至关重要。

一、我国国际贸易的发展状况

自改革开放以来,我国经济发展的速度和质量取得了前所未有的进步:一方面,国际贸易规模进一步扩大,与多个国家和地区建立了友好的经济联系;另一方面,我国国际贸易的产业结构跟随着区域经济发展的状况持续优化。除此之外,我国国际贸易的布局日趋合理,产业格局开始凸显出独特的优势。

二、国际贸易与我国区域经济发展之间的内在联系

(一)国际贸易提升了区域经济总量

近年来,我国国际贸易的发展取得了长足进步,带动着我国区域经济向着更高质量发展和进步。根据凯恩斯的宏观经济理论,国家要想扩大经济规模,就离不开居民消费和国内投资,更加离不开国际贸易的拉动。现阶段,我国社会保障体系还有待完善,国内的消费水平还比较有限,在很长一段时间内,居民消费对于国家的经济增长占比较少。因此,国际贸易作为刺激国家经济增长的重要方面,发展国际贸易就是在促进区域经济总量的提高。随着国家西部大开发等战略的实施,我国中部、西部以及中西部的国际贸易总量得到了快速提升,中西部的区域经济发展诸多受益。由此可见,在未来相当长的一段发展时期,我国区域经济的发展都离不开国际贸易。

(二)国际贸易促进区域经济的产业分工专业化

随着国际市场发展态势的日益变化,单一产品的出口竞争力逐渐下降,这给我国区域经济发展带来了严峻挑战。区域经济的产业专业化分工对于提高产品的附加价值、增加产品收益具有重要意义。从宏观角度来看,产业分工专业化的国家在经济竞争上具有更为显著的优势。因此,国际贸易的持续健康发展不仅能够促进区域经济的发展规模的进一步扩大,而且能够促进区域经济的产业分工专业化。近些年来,由于土地价值、劳动力价值等生产要素价值不断增长,我国中西部地区的生产要素逐渐体现出发展优势,刺激国际贸易快速发展起来,同时带动着该地区的区域经济活力不断提升。

(三)区域经济发展带动国际贸易发展

国际贸易的持续健康发展离不开区域经济的发展和带动。随着我国经济发展战略的不断调整和实施,东北工业基地的重新复苏和振兴、西部大开发如火如荼,我国经济总量逐年攀升,区域经济发展的成绩举世瞩目,这也在很大程度上带动了我国国际贸易的发展取得新突破。国际贸易从本质上来说,是促进商品和各种具有价值的生产要素在国际范围内的流通和分配具有重要作用。因此,区域经济的健康发展能够带动国际贸易的发展脚步,决定某些地区、某类产品在国际贸易中所占有的优势。

(四)区域经济发展决定国际贸易的产品结构

一个国家的国际贸易在发展过程中,产品结构是由一国的产业结构所决定的,不同的国家在产业结构上有不同的特点。我国由于不同地区的资源配置、文化特色等因素存在相对较大的差异,不同地区的产业结构大相径庭。近些年,我国产业结构在不断优化和调整,国家贸易的产品结构也在持续的发展变化中。这表明,区域经济发展与国际贸易的产品结构调整存在着不可分割的联系。

三、促进国际贸易与区域经济协调发展的有效策略

（一）加快区域经济产业分工细化

区域经济的发展状况对于国际贸易的发展进步具有重要意义，因此，发展区域经济首先要促进产业的专业化分工，区域经济的产业分工细化程度会大大影响国际贸易结构。加快区域经济的产业分工细化，不仅是为了实现区域经济的更快、更好发展，而且是为了促进国际贸易水平的进一步飞跃，因此，国家应当密切关注国际经济市场的发展动向，根据国际市场的经济发展趋势来对国内的区域经济和国际贸易结构进行宏观调控。一方面，企业对于生产的技术和工艺应当不断革新，将粗放式的传统产业经营发展模式改进为按需生产的模式，进一步提高产品的价值，适应国际市场对于产品的多样化要求，从而提高我国区域经济的竞争实力，促进国际贸易的持续健康发展。另一方面，国家要加快区域经济相关产业的转型升级，积极引进先进的技术和雄厚的资本，进一步促进产业分工细化。

（二）推进区域经济产业结构优化工作

随着我国社会主义市场经济的发展，国家资源、环境等方面出现了各种新的问题，成为制约区域经济进一步发展的重要因素。因此，推进区域经济产业结构优化工作是保持区域经济发展活力的重要途径。只有实现区域经济产业结构进一步优化，国际贸易的发展状况才能够得到进一步改善，才能增强我国经济的综合实力。当前阶段，我国的区域经济在发展过程中，产业结构、生产技术、发展政策等相较西方发达资本主义国家，还有相当大的差距，因此，刺激区域经济活力、推进区域经济产业结构优化工作是我国实现区域经济与国际贸易协调发展的有效路径。

（三）促进国际贸易融资能力的进一步提高

一个国家的贸易融资能力在很大程度上不但能够折射出这个国家的国际贸易实力，而且能够反映一个国家的综合经济实力。随着近些年来国际经济总量的不断攀升，我国的综合国力和国际地位不断提高，我国在国际金融市场上的影响力也日益增大。但是，随着区域经济与国际贸易之间的相互促进，我国的国际贸易发展过程中，贸易融资能力还比较有限，因此，建立健全相对更加完备的贸易融资机制是我国实现多边贸易发展、促进跨国贸易合作的重要措施。同时，国际贸易融资能力的进一步提高能够为我国区域经济的发展提供更多的可能。除此之外，在国际贸易的发展过程中，我国对于国际贸易的约束不能忽视，严格控制融资行为能够在很大程度上避免贸易摩擦。

（四）加强国际金融危机的防范和风险规避

随着经济全球化的持续发展，全球经济一体化程度大大加深，国与国之间的经济

贸易和联系、合作日益密切。在国际贸易的复杂环节中，任何一个国家出现金融危机、经济寒流状况，都会给全球的贸易带来严重的打击，给各个国家的经济发展造成不可估量的损失。从近些年来的国际贸易发展状况来看，东南亚金融危机、美国次贷危机等状况的发生，都给我国的国际贸易造成了负面影响，导致我国区域经济受到波及，产生了严重的经济损失。因此，在促进国际贸易和区域经济的协调发展中，我国坚决不忽视国际金融危机的防范和风险规避。加强国际金融危机的防范和风险规避，我国必须要提高整体的金融危机意识，建立完善的金融风险评估方案和风险规避措施，最大限度地保证区域经济和国际贸易的健康可持续发展。

综上所述，国际贸易的发展对我国的区域经济发展具有重要的促进作用，同时，区域经济的发展能够在很大程度上决定国际贸易的发展形态，两者相互影响、相互促进。国家想要大力发展区域经济，促进区域经济的健康可持续，就必须要积极发展国际贸易，调动国际贸易活力，同时，及时科学合理地调整区域经济发展模式，提高金融风险的控制，实现区域经济和国际贸易的共同进步。

第三节　促进国际贸易与区域经济协调发展的相关策略

改革开放后，我国社会结构发生了显著变化，经济发展处于越来越稳定的状态，各行各业的发展速度非常快。在经济全球化发展的大背景下，我国区域经济出现了不平衡现象。针对这种现象，我国政府必须采取措施进行改善与协调，促使我国区域经济发展得以平衡，并且要深入总结区域经济在发展过程中存在的问题。国际贸易在区域经济发展过程中有着至关重要的作用，在一定程度上推动了本区域经济的进步与发展，但也造成了一些负面影响。要想使区域经济朝着快速、平稳的方向发展，国家就必须构建良好的国际贸易环境，促使国际贸易的积极性、活力得以调动，使国际贸易作用充分发挥。

一、区域经济发展与国际贸易的关系

就推动区域经济发展的角度而言，国际贸易扮演了两个角色，一方面，国际贸易对区域经济发展具有促进作用；另一方面，国际贸易的产生促进区域经济发展格局产生较大变化。

(一)国际贸易的负面影响

对国家经济发展而言,每个国家在经济发展方式上存在差异,极易受全球经济市场的影响,容易出现区域经济发展差异。从发达国家与发展中国家的经济发展情况上看,两者的产业结构有明显差异,导致两者在经济发展过程中呈现出不平衡状态,区域国际贸易可能会出现两极分化。在发达国家中,国际贸易活动所占比例较大,然而发展中国家则大多使用高耗能能源,伴随时间的延长,高能耗产品会严重破坏区域环境,对现代区域经济发展造成不良影响。

(二)国际贸易的积极影响

国际贸易可分为进口贸易和出口贸易两部分,在对区域经济发展进行分析时,需综合评判两个方面的内容。首先,人们必须意识到,国际贸易可在很大程度上推动区域经济发展,随着外部市场的扩张,本区域经济能够得以发展,不仅能够促使劳动生产率大大提升,而且能够改造、升级现阶段的经济发展模式,促使区域经济发展朝着科学、稳定的方向发展。其次,在区域经济发展中,进口贸易也占据了较重比例,可以促进新经济增长点的培育。另外,进口贸易有利于引入外国先进技术,促使相关项目研发费用减少,使产品生产效率提升。通过制定合理、完善的发展战略,进口贸易有利于推动区域经济发展,促进本区域经济发展,从而可加速经济转型。

二、国际贸易与区域经济协调发展的策略

要想推动区域经济的快速、稳定发展,国家就必须制定合理的发展方案,明确国际贸易区域经济发展特征,使区域经济发展得以平衡。

(一)促使人力资本投入增加

目前,我国信息化进程发展速度越来越快,且工业发展迅速,若单纯凭借资金投入与劳动力,难以使现代经济增长需求得以满足。从目前的经济发展情况上看,企业不仅要重视投入资金、劳动力等资源,还需引进先进的科学技术,并且合理应用新技术。政府要制定明确的区域经济发展方针,以科教兴国作为发展目标,加大力度培养优秀人才,促使资金利用率提升。就区域教学而言,政府需转变传统教育模式,注重提升劳动者的专业素养。

(二)调整产业结构

因受到地域特征的影响,我国经济发展出现了区域不均衡的现象。在改革开放之后,我国东部地区的经济发展非常迅速,其基础设施也逐渐完善,然而西部地区的发展却不够理想。上述问题的产生与政府在不同区域、不同阶段所采取的措施存在关联。目前,各地各级政府都已经对区域经济发展不平衡的问题进行了研究,并且开始采取

措施，同时，国家对西部地区经济发展进行扶持，加大资金投入力度，促使西部农村机械化水平提升，提高西部农产品生产效益，调整西部产业结构，促使西部工业化进程加速。

（三）促使国际贸易机会变得更加均衡、平等化

目前，在国际贸易发展过程中，各区域经济发展都取得了一定成效，不过从实际发展情况上看，也存在差异。各区域在相关政策法规、基础设施上有明显差异。为此，各区域政府要采取措施对区域基础设施进行完善，并使相关法规变得更加完善，为区域经济发展提供有利条件。

在区域经济发展过程中，国际贸易活动可起到很大推动作用，然而每个国家的不同区域在科学技术、基础设施等方面都有一定差异，各级政府必须意识到这一点，并采取完善措施，制定合理、科学的政策法规，使这种差异缩小。国际贸易中的作用机制会对区域经济发展过程产生非常深远的影响，各级政府必须制定协调发展策略，推动区域经济发展。

参考文献

[1] 刘俊华. 经济转型过程中对外贸易与经济发展的探讨 [J]. 江西广播电视大学学报, 2018, 20(2): 68-73.

[2] 周子健. 浅谈新常态经济下我国本土企业如何发展对外贸易 [J]. 纳税, 2018(16): 193.

[3] 吴莉. 浅析对外贸易对中国经济的影响 [J]. 纳税, 2018(15): 194.

[4] 李月娥. 对外贸易与经济增长的关联性分析 [J]. 济南职业学院学报, 2018(1): 114-116.

[5] 于彤彤. 对外贸易对中国经济增长的长期影响分析 [J]. 经济论坛, 2011(1): 62-66.

[6] 王光净, 杨继君, 李庆飞. 区域经济可持续发展的系统动力学模型及其应用 [J]. 改革与战略, 2009, 25(1): 28-132.

[7] 刘莉. 国际贸易和区域经济发展分析 [J]. 中国市场, 2013(29): 99-100.

[8] 王子璇. 基于国际贸易的技术溢出效应对中国区域经济增长的效应研究 [J]. 中国电子商务, 2013(21): 186-186.

[9] 刘渝琳, 冯其云. 外资企业对外贸易与经济增长关系的区域差异分析——基于我国东部和西部地区面板数据的检验 [J]. 国际贸易问题, 2007, 291(3): 59-66.

[10] 景永静. 基础设施在区域经济差异中的作用探析 [J]. 河南财政税务高等专科学校学报, 2009, 23(3): 52-55.

[11] 高国力. 区域经济不平衡发展论 [M]. 北京: 经济科学出版社, 2008: 3-29.

[12] 花俊, 顾朝林. 我国区域发展差异的贸易经济研究 [J]. 地理研究, 2011(2): 322-329.

[13] 何莉. 对外贸易与中国地区经济的差距 [J]. 财经科学, 2010(7): 104-111.

[14] 兰宜生. 对外开放度与地区经济增长的实证分析 [J]. 统计研究, 2012(2): 19-22.

[15] 罗艳. 中国对外贸易的经济增长效应及其作用机制的区域差异性研究 [D]. 重庆: 重庆大学, 2012: 7-12.

[16] 李国柱, 马树才. 区域贸易差异与区域不平衡发展研究 [J]. 商业研究, 2010(8):

24-26.

[17] 付云鹏，马树才，丁义文，等.东北亚区域经济合作对中国产业结构的影响研究 [J].科技通报，2017，33（9）：265-268.

[18] 叶传旭，刘晓东.金融支持吉林省地方经济发展的对策研究 [[J].现代交际，2018（7）：78-80.

[19] 张小倩，陈国庆，王辉艳.区域对外贸易可持续发展效率研究——基于吉林省的实证研究 [J].黑龙江工业学院学报（综合版），2017，17（9）：70-78.

[20] 张丽娜，王桂霞.吉林省金融服务业发展与全国比较 [J].经济纵横，2014（12）：85-88.

[21] 赵蓓文，陈煜明.中国对外投资新战略与开放经济发展新格局 [J].金融市场研究，2015（6）：73-83.